【致每一位走在路上的你】

這是一本時光書

從最早一篇到最近一篇，相差了8年。

裡面記錄了這8年來，我走過的15段印象深刻的旅行，分別發生在世界上13個不同的地方。每一段故事都帶著一個啟發，或多或少，或大或小，在人生不同的時節裡相遇，慢慢醞釀成改變，從一位工程師，直到成為了作家。

旅程走了幾年，改變就花了幾年。

這是一個很緩慢的過程，因為我只是一個平凡的人，沒有大破大立的勇氣。

我只是一個從小愛寫文章、長大後就讀理工組的男孩。然而，電子工程與人文這兩個領域間，很顯然地存在著巨大的差異。而自高中以後，所受的教育往往都是以成就未來的職位為標的。過往投入的巨大沉沒成本與社會加諸的價值觀，站在不可撼動的制高點。我也一直安於工作帶來的一切，在被現實的制式人生牽著走時，往往難有餘裕去思考自己想要的是甚麼。

此時，旅行就像是一個異次元入口，給了我不同角度去看待人生的樣貌，讓我開始正視自己的內心。

我漸漸發現，工作、夢想、目標，在人生不同的時期，會產生不同的

變化。而我們一路走來，就像是誠懇的漁夫，不時到心靈的湖畔，打撈深處的想望。

於是，在職場上的我，開始充分利用假日旅行，接著尋求出差、外派，一邊工作一邊旅行，用人生的細碎片段慢慢走過了迢迢長路。上班族式的旅行，長度與寬度雖然顯得侷促而入世，不夠超脫也不夠偏遠。但一路上遇到的這些人、那些事，卻隱約帶來了深長的影響。

在這些足跡裡，我了解到，原來，只要打從心底去追尋，即可超脫時空的桎梏，每一件事情，都將富有意義；原來，工作、旅行與寫作並不是單選題，它可以是一條並進的折衷之路，互相豐富著彼此的意涵。

旅行，就像打開世界全書的目錄，讓你向外看到人生的一百種可能，向內省思自己的本心。

沒有一段歷程是能夠被複製的，而每個人的經歷都有值得學習的地方。我無法幫助你度過人生，但也許你能夠透過我的旅程，去梳理那些每個曾經流淌過內心的徬徨與思考，去感受更多的自己，正如我一路上所經歷的，那些異地人們的經歷。了解了自己，就會更知道自己該往哪裡去。

翻開下一頁，讓我們一起旅行吧！

序曲。求學

每個人都有一段屬於自己的求學生涯,而國中,是我求學生涯中最黑暗的時期。

在那個存在著能力分班的年代,小學畢業後,成績好的人會爭相擠進國中資優班或A段班的行列。那時的我,順利考進了某所公立國中的資優班。從此之後,揮別了多元的同儕,進入了暗無天日的學業世界。

班上同學都非常會念書,全班一共28名學生之中,日後出了4名醫生,競爭強度比第一志願的明星高中班級還高。每一次段考,我都在倒數前五名內掙扎,三年成績的總和,更是紮紮實實地拿了第28名──全班最後一名。

最後一名的感覺不是普通的難受,即便那樣的成績,放在其他班級仍屬前段,但世人往往是根據你的世界來評價你,而我的世界,永遠走不出那個充滿學霸的班級。那時的我,極其孤獨,缺乏自信,看著所有人走在前頭,自己一路苦苦追趕,身後始終都沒有人。我喜歡待在最安靜的角落,與人說話時,視線總是盯著地板。我從不受師長注目,也不期盼獲得任何讚美,只暗自祈禱著別再因成績而挨罵。

然而,那段日子裡,每一個極其稀有的鼓勵,其實都被珍貴地收藏在那位內向國中生的心裡。

關於學校種種沉重的一切,唯一一件讓他享受的事情,就是每週寫一

次的週記。他永遠都不會忘記，國一的週記簿，是人生中的第一個部落格，而最忠實且唯一的觀眾，就是總不吝於在上面寫下長長評語、熱烈回饋的國中導師。每一次週記簿回到手中，總是迫不及待地翻看寫在最後一頁的紅色筆跡，一字一句，回應著那位羞赧國中生的文字，關於那些述說生活的青澀點滴。

那位導師只帶了我們一年。在升上國二前的最後一堂課上，她總結了一年的心得，說了些祝福的話語，表揚了幾位優秀的同學。受表揚的同學們都拿到了一本書，象徵著鼓勵，書皮是綠色的，拿在手裡閃閃發亮。班級解散後，導師特地把我留了下來。

「老師八成是擔心我最後一名的成績，想趁最後的機會，私下教我振作點吧。」我心裡暗想著，低著頭默默地走到她面前。

老師看著我，眼裡眯出了微笑，遞給我一本書，書皮是綠色的。

「人杰，這本書送你。我很喜歡看你的週記，很豐富、很真誠，每次都看得津津有味。」

那本書拿在手裡，閃閃發亮。我第一次抬起了頭，看見老師彎彎的雙眼。

「你寫得很好，要繼續寫下去哦。」

「謝……謝謝老師！」

這是老師對我說的最後一句話，這句話也成為了少年空洞內心裡的第一塊基石。

畢業之後，我再也沒見過老師，只隱隱知道她已調離了原來的母校；而文字，早已成為了少年生命中不可或缺的一件事。

「老師的鼓勵，永遠都會被學生記得，而某些無形中的影響更是永恆的。即使後來的我成為了工程師，始終沒有放棄過寫作這件事，它支撐了我的生命、我的旅程，陪我走到現在。」

20年後，在一場國中教師研習講座上，以部落客作家身分受邀前來分享的我，懷著感激，對著台下的老師們說。

等自己不知不覺長了好大好大，走了好遠好遠，才發現老師對於學生的影響很深很深，身負的教育使命也非常非常重要。更令我感動的，是台下老師們聽完這段故事後，立刻就熱心地幫我查出了早已遠調他方多年的國中導師的下落。

我雙眼瞪大，愣在台上半晌，然後滿心感謝，記下了導師服務的學校，心裡默默想著：

老師，下次見面時，我要回送您一本書，那是我自己寫的書。

給張J的一封信

那天是一個平常日的下午，在學校接到一通從總機轉來的電話：

「老師，我是人杰，您還記得我嗎？」 記得啊！

電話另一頭的聲音裡有一股壓抑的激動，告訴我那段往事與對我的感謝，還有即將出書的消息。雖然只有短短幾分鐘，但內心是非常感動的，過程中，腦袋還慢慢浮現出國一時那個靦腆害羞善良的你。 當下最開心的事，是知道原來我曾經在一位學生的生命歷程中，扮演了那麼重要的推手角色。我很為現在的你感到高興與驕傲，也好開心你有機會讓我知道這些事。

掛下電話之後，還有一些時間，先用手機上網找了一下「旅行沙舟」。哇，好豐富的內容。當下好想跟別人分享：這麼優秀的作者是我以前的學生耶。但想想，那又不是我的成就，優秀的是你，而且還懂得感恩。

回家後，看了很多部落格裡的內容，不小心看到熬夜了。都怪你文章引人入勝又很有畫面，我想，你應該也從很多人的回饋中知道了這點。所以，也愛旅行的我還不敢按進那些遊記去看，因為那會沒完沒了，只好留待日後慢慢看。後來，看到那篇關於我的文章，我開始惶恐了…覺得自己沒那麼偉大，只不過是剛好在對的時候做了對的事，今日時空互換，我彷彿變回了那個靦腆害羞的你。好怕被「曝光」與「神格化」了，想著該跟你說些什麼，然後居然失眠了(笑)。

看到你說國一時,你很期待看到老師在週記上的回應。現在想想,其實或許當時身為導師的我也很期待看到你的週記。期待打開寶盒時,不知會看到那顆散發著獨特微弱光芒的璞玉,這次會綻放出什麼樣的顏色。 人杰,很欣慰看到那顆當時的璞玉,現在放出了更多獨特的光芒與溫度,影響了很多人 。我相信很多看過你文章的人,也跟你分享過很多的感動。

我想說的是,我很感動,從這其中我感受到一股很有力量的「善的循環」。當初的我,想必曾經也被某個故事感動過,所以在還記得、還有能量時,我會想鼓勵你。不為了什麼回報,只知那是好的、是善的,是一種教育使命。沒想到我不經意間點燃了一個小小的火苗,給了你小小的力量。很久以後,你因緣際會地在講座中分享這段故事給那些老師,想必他們也是同樣被感動到,才幫你找到了我。其實你一路走來,一定也點燃了不少感動的火苗。只是沒有想到,這股「善的循環」就像蝴蝶效應一般,引領20年後的你打電話給我,我又因此受到了鼓勵,而那樣的鼓勵,並不亞於當初我所給你的。

其實有機會能看到曾經照顧、經手的園地內的小苗,日後長成茁壯的大樹(尤其是長得很好很有生命力,很開心的大樹),就已經很欣慰了,何其有幸的是,在多年後的今天,有機會收到你的訊息,讓我知道你的感謝。 謝謝你回饋給我的能量,以及跟大家分享的這一切,也好開心看到那個當時沒自信的你,能有今天的自信與成果。我會有好一陣子不無聊了,因為有太多國中週記簿之後的美妙文字,等著我去好好欣賞呢!

張J的國一導師

序曲。工作

從學校畢業後，我成為了工程師，開始了追尋的人生。

求學過程裡的生活比較制式，每個人都必須上一樣的學，差別是課餘時間的運用。而出社會後，你可以真正自主地追尋生活，就算是在冷冰冰的科技業裡，也有追尋的空間。

我的第一份工作真的很冷冰冰。穿著白袍、坐在白色的無塵室裡、面對白底黑字的參數指令與金屬外殼的機器。工作的目的，是穩定生產並持續研發優化LED晶片的製程參數。一年365天反覆做著一樣的事，同事們多是研究所同學和校友，23度四季恆溫的無塵室有點冷，幸好部門的氣氛是單純而溫暖的。

將工作第一年存到的錢，投入第一場個人旅行後，我便體悟到，旅行是一條沒有盡頭的路，我亟欲多走在這條路上，看看更多風景。於是我告別了南部的驕陽，漂流到北部的水氣裡。第二份工作，來到一間外商半導體公司，它開啟了我人生的新視野。我開始在世界各地出差旅行，和不同的人們共事，公司的文化氛圍開放、自由，也充滿了碰撞。我離開了傳統而規律的保護傘，投身到外商公司真實的社會裡，這個社會的全貌，是一整個世界。

一直以來，相較於機器，我總是對人更感興趣，因此，在彈性的工作環境裡，我漸漸被賦予一些不同的任務。其中印象最深刻的，是一個

關於「快樂」的專案。我們組成了一個團隊，用科學的方法與人性的角度，從多層面探討如何讓同事們感受到快樂，進而融洽部門的氣氛。有時候也會擔當政策的溝通者，因為誤會的弭平也能夠使人快樂。精神層面的提升是一件很有成就感的事，縱使很難做到面面俱到，一定總是存在一個相對完善的做法。我也曾經身負協調者的身分，與工程團隊前往美國分公司進行為期一年的技術移轉。在外商工作期間，不斷接受新的刺激與衝擊，而身邊的旅程也不斷地累積著，慢慢從「科技」跨足到「人性」。

看起來互不相干的領域，卻逐漸被串連了起來，一切看來似乎很奇妙，但其實都有跡可循。只是在追尋的過程中慢慢釐清自我，在適當的環境、適當的時機，慢慢靠近自己想觸碰的東西而已。這是一個漸進式的過程，它並非一蹴可幾，也不會一帆風順，而我們心中的答案，更是經由一步一步地探索與了解後才逐漸清晰。

所以，不要害怕挑戰與改變，勇敢去嘗試吧！即使身處於理性的工程領域中，都有追尋感性的空間，而我們也必須持續追尋自己的想望，因為值得掌握住的東西，並不會主動跑到你眼前。

序曲。鑰匙

開始上學之後，考試便停不下來了；

開始上班之後，工作便停不下來了；

開始消費之後，帳單便停不下來了。

然而，

當開始一個人旅行後，腳步便停不下來了；

開始記錄旅程後，文字也停不下來了；

開始站在台上後，分享更是停不下來了。

人類是慣性的動物，因此設計了一套套慣性的制度來制約人類。旅行卻像是一把無意的鑰匙，偶然間開啟了制度外的另一個慣性世界。

一邊工作一邊旅行以來，默默地走過了26個國家、累積了數萬字著作、演講過二十幾場講座。我真正熱愛的，與其說是旅行，不如說是分享吧。一路上和不同的朋友分享著不同的主題：如何一面工作一面旅行、如何規劃一趟旅程、如何在旅行中寫作、如何看待職涯與人生、如何追尋夢想、畢業後該做什麼。有時面對的是五、六十歲的熟齡族、有時是三、四十歲的輕熟族、有時是二十世代的小資族、有時是校園裡的莘莘學子。演講最有趣的，莫過於會後的交流了，我覺得每個人的過往就像是一本豐富而多彩的旅程書，在思考、回答每一個問題的時候，就是將書中龐雜內容梳理出摘要的過程，以下是過去最常被提問的問題：

Q：你去過那麼多地方，最喜歡哪一個國家？

出國時，我特別喜歡觀察當地與自己家鄉不同的地方，在我眼裡，每一個國家都太獨特，都很值得欣賞，很難比較喜不喜歡。所以我很少去同樣的國家旅行超過二次，因為比起「很喜歡，想再去第二次」的感覺，我更喜歡挖掘新的國家。

Q：你都怎麼規劃行程？

我的旅行計畫通常都很鬆散，一天只去一兩個地方。我曾經是個會把行程排得很滿的人，後來走著走著，發現旅行中最深刻的回憶總是插曲而不是主調，才領悟原來旅程中最重要的安排，就是「留白」。像本書裡頭的故事，就全都是比主調還精采的插曲。(笑)

Q：我是女生，一個人旅行會不會很危險？

每個地區都存在著一定的風險，我們所能做的就是適度控制風險。在大環境方面，事先避開戰亂、社會動盪之地，城市中選擇治安較佳的區域居住。在個人方面，穿著不過度顯眼、不攜帶多餘錢財、不在無人區域落單、注意夜歸時間。如此一來，就能有效降低風險。如果是第一次一個人旅行的話，心裡有一道坎要克服，建議選擇語言能通、治安良好、交通發達的國家比較容易上手。

Q：你深度旅行的心法是甚麼？

每個國家都有自己的美麗與哀愁，學著欣賞他們快樂的同時，也試著體會他們的煩惱，你的了解就會更獨特而深入。

Q：你要出書了嗎，新書想分享甚麼？

我想說的是，去過那麼多地方，這些城市個個鮮明，那些多彩的風景可能會隨著記憶慢慢褪色，最後留下的都是深刻的啟示，與遙遠的土地緊緊連結，成為成長的痕跡：倫敦打開了世界的大門、清邁告訴我什麼是勇氣、在紐約看到了底層的生命力、吳哥窟帶來分享的力量、羊角村生活風格的陶冶、高知歷久彌新的友誼、在麻州雪場重新面對挫折、在首爾放下了執念、在康州的搖滾樂聲中找尋本心、在冰島的雪裡省思自己、最後，做出了決定，回到了家鄉。

這是一段被世界啟發的心路歷程，除了人物與風景外，也包含了探索、徬徨、省思與追尋的過程，也許這些也曾出現在你的路上過，而我這段路走得很久也很遠。現在，我將它寫成一本書，希望你的人生，因為它而多了一分勇氣。

目錄 | CONTENTS

自序 這是一本時光書 ———— 002

序曲 求學 ———————— 004

給張J的一封信 —————— 007

序曲 工作 ———————— 009

序曲 鑰匙 ———————— 011

打開世界大門
倫敦。第一場旅行 —————— 018

勇氣
清邁。她們是人,不是妖 ———— 028

大城市的多變性
紐約。殘破風華 ——————— 044

底層的生命力
紐約。人生百態 ——————— 054

分享的力量
古代高棉村。下鄉 —————— 064

美好的生活風格
羊角村。一夜爵士 —————— 092

歷久彌新
高知。三十年的友情 ————— 116

面對挫折
麻薩諸塞。獨白 —————————— 134

放下執念
首爾。千年古剎 —————————— 146

找尋本心
康乃狄克。笑不出來的時候 ————— 160

夢想與現實的抉擇
康乃狄克。搖滾工程師 ——————————— 174

省思的重量
雷克雅維克。風雪冰晶 ————————— 184

生命的本質
霍爾斯沃德呂爾。盡頭 ———————— 194

走過的路皆有意義
利物浦。迷路 ——————————— 204

活成夢想的模樣
高雄。原點 —————————— 216

最終帶你到遠方的，不是機票、不是鞋子，而是一顆想出走的心。

無論走近或走遠，都是一雙腿；
無論平凡或精彩，就只一輩子。

如果人的一生注定有許多羈絆，我希望先被這個世界豢養。

用一輩子環遊世界吧！

辛格韋德利

大部分的我們都不是職業旅人，無法行一場波瀾壯闊的長期壯遊。

那麼，我們就用年年月月來換取旅程吧。

行有餘力之時，一年踏上一兩個地方，

在我們有生之年，仍然可以慢慢拼湊出世界的模樣。

在漫長的拼湊過程裡，我們擁有時間的餘裕反芻回憶，

隨著一段段旅行而成熟、而成長。

所以，不用擔心，不需著急，只要你願意離開，世界一直都在。

它隨時等候著每一個走上路途的人，

帶回短暫異地的一時，成為永恆記憶的一世。

打開世界大門
倫敦 。第一場旅行

現在是台灣早上十一點，倫敦的凌晨三點，我在一個沒有時間定義的空間裡，十二個小時的麻痺沈積在腳跟，剩下一百零四分鐘的航程。

飛行軌道漸漸朝著格林威治線邁進－這個文明世界裡時間定義的發源地。

再過六個小時，就能在曼城見到親愛的妹妹；再三天，就要獨自一人前往倫敦探險。

一個人旅行的意義是什麼，或許就在於增加與自己獨處的機會。

汲汲營營了一整年，還沒有真正一個人靜下來過。

如果有一個地方沒有朋友家人，沒有公事、沒有一切塵世中的關聯，

只有旅行、只有未知，只有和自己對話的機會，那會如何？

我期待著。

我是一位工程師，一位喜歡寫作的工程師。

出社會剛滿一年，我用第一份工作攢下的第一筆錢，第一次一個人出國，造訪遠在英國求學的妹妹。在去程的班機上，我寫下了這段文字。

看著過往的文字，記憶穿越了歲月，彷彿也看見當時背著背包，初入世界，那個青澀又興奮的自己。而這段獨白，也成為往後每一趟獨旅的註腳。

在那之前，曾經以為的旅行模樣，無非是上一台車、和一群人、跟隨一個人，效率極高地飽覽一地的重要風景。

直到那一刻，發現自己獨自坐在前往倫敦的列車上，
遙望著窗外無止盡地飛逝的草原與羊群；

獨自坐在巴士頂端，朝聖披頭四的家鄉利物浦；

獨自深入倫敦的老市集挖寶；

甚至獨自徘徊在倫敦夜店區，走在垃圾滿佈、醉漢環伺喧鬧的暗夜街頭，只為了尋找最道地的英式龐克搖滾Live band時，

我才明白，一個人旅行的意義，不再是被動地接收，而是主動地挖掘和感受。

印象裡，過往的旅行團旅程都是繁忙的，跟著導遊走走停停，不間斷地遊歷預先設計好的行程，捕捉一路上的新奇，塞進大腦的櫥窗裡，然後個人的世界地圖又啪搭一處被插旗。

獨旅後，旅程的腳步緩下來了，塞進大腦櫥窗裡的卻更多了，不再只是瑰麗的風景，而是多出了日常的小細節、與陌生人間的互動、以及真正在當地生活過的軌跡。最大的不同，該是那一個人靜下來後的獨處了吧。獨處，使得旅途上獲取的一塊塊新奇，有餘裕經過心靈細細的咀嚼與感受，成為一段段個人化的回憶，擺進大腦櫥窗後，就像經過專屬櫥窗設計師巧手般，整理佈置得宜。

此後，我的休假幾乎都在每個旅途中度過。就算無法行一場長期放逐式的壯遊，仍有餘裕在每一年去一兩個國家待上一兩周。旅行，成為了一段長時間積累的過程，如同綿延的細流，緩緩流淌著人生。細流裡，除了探索未知的流域，也遭遇過不同潮水的反饋，更在生命的河床上沉澱了不少意念。

每一次出走，除了帶上行李，也會帶上人生不同時期裡的不同狀態，有時躊躇滿志、有時困惑迷惘、有時迫不及待、有時心如止水。而世界就像是一塊沃土，每每跳脫生活框架觸碰它時，它總是平靜地用各式光景包裹著你，供予你不同的養分。有時是小小的啟示、有時是顆包裹著想法的種子，等候時光的滋潤、有時沒有明確的答案，只有一連串細碎的感知，像微量元素般一點一滴潛移默化著自己的心靈。

世界是一個奧妙而廣大的場域，它用無盡的萬象呈現在你眼前，而你眼裡反射出來的，則是一個帶有主觀意識、包含內心投射與解讀的世界。在世界遊走的過程，就是一趟動態冥想的修行。

走過了二十餘國迢迢長路，回頭一望，才發現人生已不知不覺在這些積累的微小改變中拐了個大彎。從工程到旅程，從數字符號到文字言語，最終讓我此刻坐在這裡，打下這段文字，寫下這本書。

現在，我想與你分享的，是這些年來指引著我一步步踏上夢想的人生風景。

世界就像是一塊沃土，每每跳脫生活框架觸碰它時，它總是平靜地用各式光景包裹著你，供予你不同的養分。有時是小小的啟示、有時是顆包裹著想法的種子，等候時光的滋潤、有時沒有明確的答案，只有一連串細碎的感知，像微量元素般一點一滴潛移默化著自己的心靈。

旅行，是人生的延伸。

旅行並不是一件事，而是一場人生的延伸。

在旅途上，

若你喜歡美食，就去光顧一間熱門的館子吧。

若你愛好音樂，就去聽一場異國的現場演奏吧。

若你熱愛登山，就去爬一座異地的山吧。

當你踩著一貫堅實的步履，穿越奇異的森林，

最終踏上了遠方的峰頂，眼底滿是陌生又壯麗的風景。

那延伸的一刻，就是旅行的意義。

科羅拉多

人生的美好，或許就在於即使我們窮盡一生，
都不可能看完所有風景。

我們很容易被貼上同樣的標籤，但其實每個人都有著不同的故事。

勇氣
清邁 。 她們是人，不是妖

這是我的第二次獨旅，它的開始起因於一段感情的結束。放下一個曾經佔據大半心靈的世界並不是件容易的事。面對空洞的內心，我也只能說服自己，關於宇宙間的枯榮興衰、周而復始，指的不僅僅是生命，也涵蓋了事物與感情，這些都是人生課題裡必經的曾經。

一切都會過去的，周而復始完，就是生生不息。在前往桃園機場的夜雨裡，我對著自己說。

到了泰北古都，我逐漸徜徉在冬季東南亞依舊如夏的風情，悠遊於清邁的古蹟與泰國人的熱情裡，封閉的內心獲得了舒展，也體會到天地的廣闊與多變，沒有什麼是恆長的定數。當生活失去了某種寄託，多出來的靈魂空間，往往也會感受到某些意想不到的光景。

旅途中最特別的回憶，就發生在最後一天。

那是一個烈日灼目的慵懶午後，清邁各大景點皆已走過一輪，我躺在背包旅社裡，正思忖著該如何度過最後一日。

那就來認識一名當地人吧！

我靈機一動，下載了交友APP，化身為一組帳號，登陸在清邁的雲端，在那裏，我遇見了艾蜜莉。

艾蜜莉的英文流利、打字速度飛快，照片裡的她是一位年輕開朗、掛著甜蜜笑容的時髦女孩，在一字一句來回的訊息裡，彷彿可以感受對方友善的笑意。她把清邁這個老地方，用泰國新人類的角度對我重新翻飾了一遍，我聽得津津有味，聊到正午的太陽不知不覺落到了西邊。

「晚上一起去吃飯吧！」

我向艾蜜莉提出了邀約，接著換來的是一陣沉默。

「……」

正思考著這是否為無言的拒絕時。螢幕的另一端傳來了一段、似乎是一個字一個字緩慢打出來的句子：

"OK. But......I'm a ladyboy*, do you mind?"

（好啊，但我是一位ladyboy，你介意嗎？）

＊註：Ladyboy即為中文俗稱的「人妖」，由於這一詞充滿歧視意味，我傾向於用英文稱呼她們。

看到這段話，說不震驚是騙人的。

我自認為對人的覺察敏銳，卻怎麼也想不到，照片上這張極其女性化的面孔竟是男兒身，泰國最容易發生的誤會竟發生在我身上。

於是換我沉默了，接下來的一分鐘內，大腦裡飛快閃過各種念頭：

聽聞泰國的ladyboy族群龐大，組成份子複雜，曾有觀光客被其搭訕，遭下藥迷昏、洗劫財物的先例。最後一個夜晚，在這人生地不熟的地方，值得我冒這種風險嗎？

腦海裡一個聲音結束，另一個聲音馬上又冒了出來：

沒這麼嚴重吧，只要在正當的公眾場合見面，多注意一點，不至於會置身危險吧？何況，這是多麼難得的機會，能夠與ladyboy當朋友，了解她們的世界呢？

旅行者的好奇心，馬上壓倒了第一個念頭，我們即刻敲定了晚餐行程。出門前，我只帶了一張信用卡和少量的現金。

晚上七點，依約來到艾蜜莉指定的地點，這裡是清邁最熱鬧的大型購物商場，頂樓充滿了各式新潮餐廳與酒吧，是最受時下年輕人青睞的聚會場所。

十五分鐘後，依舊沒見到對方身影，我傳了封訊息過去，不到十秒便收到回覆，彷彿艾蜜莉正守在手機旁：

「抱歉！我家就在附近，馬上就到。」

「......對了，我方便帶一位朋友過去嗎？」

「沒問題，妳慢慢來。」放下手機，心裡想著，也許她也和我一樣，心存對陌生人的顧慮，所以才找人相伴吧；也或許是因為她ladyboy的身分，時常被無故爽約，所以才刻意等我到場後才出門吧。想到這裡，想出了一絲心酸。

- -

「我停好車了。」

「我在搭電梯了。」

艾蜜莉隨時與我保持著訊息聯繫，彷彿是要我安心似地。

不久，遠處出現了兩個身影，朝我緩緩走來，其中一位婀娜多姿、另一位則高大壯碩。我的心情也隨著她們的步伐而忐忑。

人影走到面前，看清楚了她們的長相。

「嗨～你好！」

婀娜多姿那位，留著一頭俏麗長髮，帶著笑容向我打招呼，和照片裡的甜美樣子如出一轍，她就是艾蜜莉。聲線與身形皆如水一般柔軟，十足的女人模樣。

「嗨～你好！」

另一位高大壯碩者，身體結實，高了我半顆頭，卻穿著女裝、留著一頭大波浪長捲髮，打扮時髦入時，一看就是「正變化到一半」的ladyboy。她也滿臉笑容地和我打招呼，刻意捏細的聲線裡還夾雜著男性的粗礪，她叫做珮姬。樣子雖然十分和善，但若動起手來，我萬萬打不贏她，果然是艾蜜莉的保鑣來著。

「嗨～妳們好！」

我露出最親切的笑容迎接她們，知道今夜將會是個難忘的旅程。

我們走進了餐廳，艾蜜莉輕柔地用泰語向侍者交談，侍者點了點頭，領著我們到位子上。餐廳裡坐滿了人，在行進的路上，我覺察到來自四面八方的視線，似乎正打量著這兩位ladyboy加上一位外國背包客的奇異組合。跟在艾蜜莉與珮姬身後，彷彿用第一人稱視角，實際感受外在世界加諸在自己身上的異樣眼光。

坐下後，艾蜜莉斜翹起細腿，甩了甩長髮，舉手投足都散發著女人味。她精神奕奕地為我解說泰文菜單。

這的確是個難忘的愉快夜晚。艾蜜莉與珮姬兩人友善且開放地與我分享她們的世界，我也盡可能使她們感受到尊重與自在。

「泰國的ladyboy都被貼上同樣的標籤，但其實每個人都有不同的故事。」

艾蜜莉說。

Ladyboy大致分成兩類，第一類是純然為了成為女人的人，第二類則是為了生計的人。

泰國ladyboy產業經濟規模龐大，從服務業到歌舞表演、特種行業，獨特的生態文化早已成為泰國鮮明的風貌之一，也帶來了可觀的商機。第二類人「不全然」以天生的性向為考量，而是為了能夠從事相關行業的工作，奉生計為圭臬。選擇了特殊的性別，就如同選擇了一條特殊的職涯。

「奉生計為圭臬啊。」

艾蜜莉講到此處，我不禁心想：如果「性向」也不過與「報酬」、「工作內容」一樣，都只是「意願評估」的一部份的話，那麼包括我

在內，許多人偏重報酬的職涯考量方向，似乎與她們沒甚麼差別啊。

第二類ladyboy的起落很大，站在金字塔頂端的，是家喻戶曉的選美皇后或大明星，名利雙收，也多能與伴侶共組家庭。另外，卻有數不清的人，在秀場與歡場中浮沉，在物質與慾望的追逐戲裡迷失了自己。

艾蜜莉志不在此。

她出身於平凡的中產階級家庭，從小便認為自己是個女人。而她天生具備的素質也確實如此─嬌小的身材、精緻的五官、纖細的嗓音。裝扮起來的艾蜜莉，是女人中的女人，足以打動許多男人，就算擺在爭奇鬥艷的舞台上也毫不遜色。

上天就是開了這麼一個大玩笑，將一個女人般的靈魂與美貌錯裝進男人的軀殼裡。比女人還撫媚的她，就算注射了荷爾蒙、擦上了脂粉，也無法掩飾喉頭那塊結，亞當嚥下的毒蘋果，在她身上成為了天生的原罪。

「我沒有動手術，因為變性需要花一大筆錢。」艾蜜莉說。

「我要靠自己存到那筆錢。」

當年的艾蜜莉，第一次鼓起勇氣向家人坦承想法時，就如同所預想

的，遭受到強烈的質疑與不諒解。還只是個小男孩的她，一次次在淚眼婆娑的鏡子前審視自己的外在與內心；也一次次堅定自己選擇的命運。她下定決心，端出了誠懇與耐心，持續與家人溝通，最後終於達成了協議－只要能夠考上一間好大學，就能遵照自己意願成為女人。

在逐漸敞開彼此的溝通過程裡，她慢慢才體會，原來雙親不是不愛她，也並不認為她使家族蒙羞，而是心疼自己的孩子，走上一條極為難走的人生道路。

「爸爸認為我自己必須足夠強大，才不會迷失。」

後來，她的確不負眾望，順利考取泰北首屈一指的清邁大學飯店管理學系，也如願實現自己的夢，當一個女人。

「我要證明ladyboy也能像一般人一樣，靠專業技能養活自己；也能像一般人一樣，擁有自己的幸福。」艾蜜莉的語氣堅定，帶著一股溫柔的倔強。

- -

佩姬是艾蜜莉的大學同學，也是個性互補的閨蜜，艾蜜莉細膩而溫柔，佩姬直率而外放。一聽到我是台灣人，開心地說她曾來台灣讀過三個月的語言學校，她翻了台北101大樓與花蓮太魯閣的照片給我看，還當場獻唱了一首中文歌「甜蜜蜜」。鄧麗君輕柔婉轉的經典旋律，

在微涼的夜裡，混入了泰式風情。

艾蜜莉和佩姬偶爾會用泰文交談，切換成母語的她們，神態更豐富自在、語調更短促高亢，就像身邊有蝴蝶飛舞的天真大學女孩一般。在她們身上，我嗅到了青春無敵的氣息。那是一個亟欲探索世界、無所畏懼的年紀，我曾經經歷過。但我既無法體會在這美好時光之前，她們所走過的那段生理與心態的漫漫改變長路，更無法體會那真正的難處，其實是在改變之後才正要開始。

我這個所謂的「正常人」，淺薄到無法理解這條路有多艱難。

她們青春亮麗的背後，其實付出了非常巨大的代價。犧牲了社會的眼光、犧牲了健康，獨自承受內分泌變化與藥物副作用，只為了能夠做自己。她們的光鮮外表，全靠自己掙來的。

而無論她們的容顏再盛，都掩蓋不了身分，身分證上的性別欄始終是命定的男性。身處於lady boy比例最高的國度，這個族群仍遭受著有色眼光的歧視。情感上，她們愛著男人，也渴望正常的感情，不少男人卻只把lady boy視為新鮮玩物，而非正常交往對象。

艾蜜莉邊說，邊喝完了杯裡的瑪格麗特。

所以她才會答應在赴約前，坦承她的身分；所以她才會等我到了場，

再帶著佩姬出門。回頭一想，一切都理所當然。

在她們風華正盛的眼裡，我看到了執著，也看見了一絲無奈。也許我們唯一能做的，就是給予這些社會中不同面向的人一個有尊嚴的生活空間，讓她們能夠驕傲地做自己吧。

因為，光背負著勇氣前進下去，就已經夠累人的了。

如果做自己的代價是如此巨大，我仍有勇氣做自己嗎？就算知道前方的路荊棘叢生，我仍有勇氣選擇、也有勇氣承擔嗎？坐在這兩位勇敢的女孩面前，我不禁捫心自問。

講到心深處，酒也越喝越快。臉上的笑容漸漸透露出脆弱，艾蜜莉醉了，醉倒在這迷人的夜裡，佩姬攙扶著她走進廁所，一面不好意思地向我致歉。假日深夜裡的酒吧人來人往，氣氛喧騰，艾蜜莉和佩姬再也沒有回來，像一陣短暫而又真實的風。也許她們不習慣道別吧，我想。

「我們到家了，謝謝你聽我們說話，我很快樂。」我收到艾蜜莉的訊息。

「謝謝讓我認識妳們。酒喝剛剛好就好，多了過頭，少了不夠。」

「是啊，只是我們都很難拿捏甚麼叫做剛剛好。就跟生活一樣，活在

當下就好，緬懷太多從前或擔憂太多未來，生活就太沉重了。」

「晚安。」艾蜜莉傳來一個掛著甜蜜微笑的飛吻表情符號。

後記：回國後，我和艾蜜莉、佩姬仍會在網路上關心彼此的動態。兩年後，艾蜜莉交了一位頗具男子氣概的健美型男友，兩人的感情穩定而甜蜜。佩姬則遠赴澳洲深造，生活多采多姿。

在異地相識的朋友，就像生命裡的書籤，在某個時期短暫相遇又分離。也許日後再難相見，但拜網路之賜，偶爾看見各自發展的生命動態，腦海總會自動翻回書籤那頁，看看彼此是否朝著當初的方向前進，抑或是經過歲月的催化熟成而改變。

人生的書會繼續寫下去，而書籤也會永遠停留在那一頁／夜的相遇，留下鮮明的壓痕。

你還願意做自己嗎，就算知道前方的路荊棘叢生。

我特別喜歡拍攝老人與小孩。

一個是鉛華洗盡的質樸、一個是新芽初生的稚嫩。

在他們身上，總是可以看到我們所缺乏的表情。

走自己的路吧！

高雄

每個人都有自己的步伐、自己的時區，都走在自己的旅程中。

旅程是拿來投入的，不是拿來比較的。

人生有千百種活躍的面孔，特別是在一座偉大的城市裡。

大城市的多變性
紐約 。殘破風華

我在32歲那年，被公司外派至紐約附近的城鎮旅居一年。平日裡工作繁忙，假日的時候，沒事就往紐約跑。畢竟這是一個吸引全世界目光的城市，我也興味盎然地以一位外來者的身分，細看紐約這顆大蘋果的各種風貌。

人們總喜歡頌揚紐約這座城市的繁華，但讓我印象更深刻的，卻是它的殘破。

地鐵，已是構築大都會交通網絡不可或缺的要素之一，也是一個城市集體意識最直接而具流動性的展示場所。在別的城市搭地鐵時，總會很自然地以家鄉的台北捷運作為樣板比較，比對軟硬體環境的差異、觀察人們在密閉車廂內的行為舉止，見微知著，往往可以捕捉有趣的發現，找到形塑城市風格的因子。

搭過不少黑暗隧道裡的流動列車、看過不同城市的地下風景，紐約地鐵，絕對是讓我印象最深刻的一個。在先進國家之中，紐約的市容早已不算整潔，而當你從某個街角向下走進紅磚砌成的地鐵站口時，感受到的更是另一個「進階」的世界。

首先，迎面撲來的必是一股熱風。紐約地鐵站內沒有空調系統，運氣差一些，偶爾還會遇到冷氣故障的列車。在冬天，有時必須將身上的大衣圍巾脫下；至於夏天，可就更加悶熱難耐了。

熱氣之中，更摻著複雜的味道——那是長年淤積於地底、缺乏流通循環並混合著不潔環境的濁氣。頭頂上低矮而髒污的裸露管線、散佈於軌道上的垃圾、以及依偎在車廂內和牆角邊的遊民，處處顯露出這座百年歷史地鐵系統的蒼老與不修邊幅。

但它看似瀕臨頹圮，卻仍舊精神抖擻地運轉，24 小時不間斷地吞吐著3 百萬人次的載客量。也似乎，就只能那麼地任由垃圾反覆堆積於軌道上、讓遊民們在週而復始的列車內完成他們週而復始的休憩。發生故障或需要保養時，站務人員往往簡單拉起封鎖線、告示一貼，接著走進地鐵站的紐約客才發現月台突然被關閉，也是稀鬆平常的事情。

這座地下世界除了髒亂之外，它的不羈也吸引了一群身懷才藝的人：在繁忙的通道上自彈自唱、在候車的月台邊吹著薩克斯風或敲打非洲鼓、甚至在車廂內快閃表演空中擺盪扶手拉環神技……平凡的空間散發著平民藝術的氣息與活力，至於打不打賞就隨你。

想在這裡賺錢，除了表演之外，你也可以把每節車廂當成一個演說場子——在站與站的須臾間娓娓道來自己的身世，絲絲入扣的內容，無不企圖讓紐約客心甘情願地掏出錢來，滿足另一個乞求的口袋。

而地鐵裡的紐約客，本身更是獨特的風景——做為全世界最大的移民城市，沒有任何一個人種族群能夠代表紐約客；也沒有任何一輛列車能夠代表紐約地鐵。

往返於不同區域的不同路線，車廂內往往就會呈現出截然不同的異國風情：在曼哈頓本島上的多為各國觀光客與商業白領、布朗克斯與布魯克林的路線末端則泰半是黑人區、而皇后區是拉丁美洲與亞裔人口的大本營。

紐約地鐵，承載著不同文化、不同背景、不同膚色的紐約客，在每個日升與日落的循環裡進出這座大熔爐，淬煉著無數個抱負與理想、墮落與掙扎。

每一次在紐約遊走，向下進入地鐵站時，總讓我覺得緊繃與不自在，相對地，我也從不感厭倦——這刺鼻的氣味，時而包覆著意想不到的美妙音符；這糟透的環境，更藏著太多看不完的人世風景。

那些不按牌理出牌的紐約人們呀，噘起高傲的嘴角，彷彿在對著我說：「歡迎來到濃縮的世界。」

人們總喜歡頌揚紐約這座城市的繁華，但讓我印象更深刻的，
卻是它的殘破。

紐約

據說從布魯克林大橋上望向曼哈頓，
你將會看到紐約最美的天際線。

雅典

這世界的隨處，
都是一幕幕上演的內心戲。

那些走過磨難的靈魂啊，世上僅有的溫柔，也將為你們駐留。

底層的生命力
紐約 。人生百態

紐約地鐵 7 號線，是一條橫貫紐約都會的東西向地鐵線，從曼哈頓西邊的新興高級都心—哈德遜園區（Hudson Yards），一路延伸至東邊皇后區內最大華人群居地——法拉盛（Flushing）。

還記得那天的紐約陽光普照，是晴朗的八月天，我從曼哈頓這頭跟隨著人潮上車。曼哈頓是大部分人印象中紐約的典型模樣：高樓林立的水泥叢林、熙熙攘攘的車陣人群，具備一切「繁華」的因子。

而 7 號線在曼哈頓所經之處，更是「紐約中的紐約」：時代廣場、第五大道、中央車站，在在都是每個初來乍到大蘋果（紐約的暱稱）的人必去的朝聖點。也因此，車廂裡多為各國觀光客，背著背包看著地圖，穿著明亮、神情輕鬆地交談著。

我一直以為這座城市地鐵裡的人物風景，就是這幅模樣，殊不知是自己甚少乘車離開曼哈頓，看到的不過是非常狹隘的面向——直到列車駛出了這座繁榮之島後，才恍然窺見 180 度大轉變。

在曼哈頓區域最後一站的中央車站，只見觀光客幾乎全數下車，車廂大換血——白色人種被稀釋，上車的乘客幾為拉丁裔、亞裔次之，看起來皆是在地居民模樣，衣著樸素，表情帶著疲憊。

車內氣氛也為之一變：從原本的光鮮喧鬧轉為黯淡沈靜，旅客換成了歸家人。突如其來的轉變著實讓我出乎意料，殊不知自己搭乘的 7 號線列車，正因其穿梭在許多不同景點與不同種族移民區之間，以其多變的風貌，而在紐約地鐵中素來有著「國際特快車」（International express）的稱號。

駛離了紐約最繁華的心臟——曼哈頓地帶，列車從地底穿出，奔馳在跨海大橋上。陽光斜射進車廂內，打在她的臉上，我才發現，站在前方的拉丁裔女人正無聲地哭泣著，緊皺的眉頭吐露著哀傷，左手拉著吊環，右手頻頻拭著淚。

她在偌大城市叢林間的穿梭中，默默地扒開了情緒的出口。拉丁裔女人面朝著我哭得傷心，想對她說些什麼，但想不出比靜靜遞上一張面紙更有幫助的話語。寂靜的車廂內只有間歇的擤鼻聲，以及對面一對華人婦女淺淺的交談聲，更顯老舊地鐵運行聲響的嘈雜。

中央車站的入站與出站，宛若兩個不同世界。

進入皇后區，哭泣的女人下車了，金髮碧眼的人種越來越少。在上車的人們裡，我看到一個異常醒目的身影——約莫 185 公分的身長，若非其背頸脊椎嚴重錯位變形，原來的身高只怕還要加個 10 公分上去。這位面黃肌瘦的高挑拉丁裔大叔，頂著灰白亂髮，衣衫襤褸地在車上乞討著。

變形的脊梁骨猙獰地從後頸突出，彷彿正訴說著這印記的苦痛，並睥睨地驅策前方那顆懸掛著的、洩了氣皮球似的人頭，與手中的乞討罐。大叔獲得不少皇后區平民乘客的施捨，兜了一圈後，便蹣跚地步向下一節車廂，繼續在 7 號車上遊蕩。

隨著法拉盛的距離愈來愈近，車上的亞洲人也漸漸變多。隔壁的婦人下車後，我才發現隔壁的隔壁，坐著一位年輕的亞裔男子。他和乞討的拉丁大叔同樣醒目，不過大叔是刻意為之，而他則深怕被人看到似地，躲在一件黑色外套與一頂黑色鴨舌帽裡——帽沿壓低、領口拉高，只是臉部仍明顯可見那蒼白中泛著嚴重紅腫的肌膚。肌膚上又滿佈著龜裂的白色皮屑，與上下的黑色一襯，更顯得突兀。從外露的雙手可以看出，皮膚病讓他全身上下無一處倖免，也將他的自尊徹底擊潰，瑟縮在角落的座位，眼神未曾從地板上抬起來過。

列車到站了，我們一起下車，看著他快速消融在黑髮黃皮膚的人群裏，7 號列車上的戲落幕了，我卻久久不能自已——短短 16 公里 40 分鐘的的旅程，彷彿看盡了人生百態。

相機還握在手上，但過了曼哈頓後就再也沒拍半張。若想忠實記錄下眼裡看到的憂傷、貧窮與疾病，又不欲傷害對方自尊，文字，該會是最好的方法吧！

拉丁女人雖然憂傷，但下車前還是振作起了精神，將眼淚擦乾；拉丁大叔雖然殘疾又貧窮，依然靠自己的力量努力乞討；亞裔年輕人雖然憂鬱自卑，仍撐著身體的不適而出外奔波。

他們生活得並不體面，但確是比一般人更用力地活著。

作為一個旁觀者，這些人世間最原始的掙扎，就這麼尋常地刻畫在這座繁華城市的移動車廂裡，也深深地扎在一個偶然經過的旅人腦海裡。看到了這些悲傷、貧窮與疾病的背後，同時也看到了那包遞過去的衛生紙、那些皇后區平民慷慨解囊的施捨、與車廂內人們既不刻意迴避，也不刻意注目的善意眼神。人生很難，但即使在這冷漠的城市裡，也掩蓋不住人性最深層的溫暖。

紐約，像是偌大的調色盤，匯集了所有不同的顏色，而 7 號列車如同濕潤的筆刷，沾染沿路的色彩，拉出一條長長的調和筆觸，也串起了歡樂與憂傷，磨難與堅強。

人生很難，但即使在這冷漠的城市裡，也掩蓋不住人性最深層的溫暖。

路上的每一個當下，都是平凡無比，也極其獨特的瞬間。

就一生而言，

我們上演過無數次的擦肩，

過了這條街，連回憶都沾不上邊。

就你我而言，

我們毫不相干，但都有血有淚，

有各自的故事和方向。

是如何稀缺的緣分，得以讓行色匆匆的彼此，

經歷這一生一次的連結。

路上的每一個當下，

都是平凡無比，也極其獨特的瞬間。

紐約

於是，我終於走入這座曼哈頓叢林，

跟著這個城市一呼一吸、伴其度過日昇日落。

人生就如同這華燈齊放的世界，有光明有破落，

我明白自己終究會懷念這一段日子。

在城市，看見了大千的花花世界；
在鄉間，觸碰了質樸的人心體現。

分享的力量
古代高棉村 。下鄉

在一個偶然的契機裡，我來到心目中一直很想去的地方－柬埔寨。旅程中，最讓我驚異於這個國度的輝煌歷史過去的，無非是聞名遐邇的千年古蹟－吳哥窟。但最讓我對這個國家現況印象深刻的，則莫過於其中一日的行程－下鄉學作菜。

下鄉作菜，除了學到了菜，也看見了民族文化，體現了人心。

那天，司機在中午時分依約前來飯店接我們，上了嘟嘟車，駛在暹粒市的大馬路上。不消五分鐘，一個拐彎，轉眼已駛離小小的市區。市區馬路變成一條筆直得看不見盡頭的聯外道路；兩旁擁擠的磚屋和鐵皮屋也成為了奚落的木屋，屋腳直接踩在赤裸的泥土大地上。木屋成零星的聚落式分佈，聚落與聚落間則是漫天荒草大地，雨季南國的天空，浮雲塊塊堆疊，層次分明，非常壯麗。

荒野上偶爾可見瘦骨嶙峋的牛隻在烈日下啃蝕著野草，與印象中東南亞豐沛茂密的森林截然不同。這幅意料之外的景象，在我心裡默默種下了疑問。

偏僻的鄉間，甭論便利商店了，連加油站都沒有。但每隔幾里路，就可以在路邊看到同時販售著生活用品與瓶裝汽油的鄉間柑仔店，滿足人車補給的需求。

我們路過了舉行在鄉間的婚禮，那些盛裝姑娘們的妝容讓我有種時光倒流的錯覺，而當地喜慶的顏色配置和中式喪禮頗有異曲同工之妙，文化的巧妙雷同與差異不禁令人莞爾。

車頭一轉，從柏油路彎向泥土小路，路面顛簸了、木屋密集了、路邊玩耍的孩子們也變多了。這裡是古代高棉村(Ancient Khmer Village)的遺址，時至今日仍是一座觀光客稀少的純樸小村莊。目的地為一間茅草屋，工作人員正在準備食材，都是當地村民。一位身形微胖、留著小鬍鬚的柬埔寨嚮導大叔面帶微笑地迎接大家。參加成員除了我們外，還有兩位來自高雄同鄉的姐姐、及一對來自廣州的情侶。

大叔帶領我們參觀附近的農村環境：屋旁種的小樹，樹葉帶有特殊香氣，是柬式料理常用的香料；屋後有整片的蓮花池，裏頭的蓮子是受歡迎的平民食物，池子另一側是整齊而茂盛的絲瓜棚，後頭則種有香蕉和棕櫚樹。

「這裡什麼都有！」 大叔自豪地說，一面精神抖擻地拿起鋤頭示範如何翻土，一副樂天派農民寫照。

「這裡什麼都有，但咱們這些城市土包子，卻什麼都不懂。」廣州妹子笑道，我深感認同。

大叔帶我們來到一民宅前的小空地，一位阿伯正認真地翻曬著稻米，這裡的耕種方式還很仰賴原始人力。大叔信手拿起幾顆帶殼的稻米，喃喃說道在他兒時的戰亂時代，沒有糧食，就直接生嚼稻米果腹，稻殼再從嘴裡吐出。大叔一邊說著，一邊真丟了幾顆到嘴裡嚼著，像是在品嘗著過去的生活。我看著大叔，有那麼一瞬間的他似乎若有所思。

那是個什麼樣的年代？在來到這個國度之前，看了柬國近代史，我便不時地猜想著。

1971年，柬埔寨紅色高棉軍隊推翻高棉共和國，建立極端政權，實行恐怖肅清政策，其後四年間，死於戰爭、飢荒、虐待及屠殺的人數達兩百萬人，占柬國總人口數四分之一。

大叔帶我們走進民宅，地上擺滿了各式手工竹編籃，男人出外耕種，女人則在家編織。這些手工藝品經盤商收購後，陳列在城市的商店裡，價格便翻了幾番。在這兒可以用較為平實的價錢取得。

「瞧～她們手藝都很好喔！」大叔拿著一個手提籃在我們面前生澀地展示著，

這種不世故的作生意方式，有股笨拙的委婉與純樸，這裡尚未沾染吳哥窟那過分濃厚的商業氣息，我很是欣賞。

回到茅草屋，食材已經準備完畢。工作人員指引大家將食材切塊、刨絲，鄉村菜使用大量蔬果，有蘿蔔、胡蘿蔔、芋頭、番茄、南瓜、香蕉花、小黃瓜、四季豆。搭配各式不同南洋佐料：蔥、薑、蒜、棕梠糖、黃薑末、紅辣醬，都是原始的天然食材。放在器皿裡繽紛陳列的畫面，看起來賞心悅目。

刀聲、切菜聲、嬉笑聲此起彼落，大家忙得不亦樂乎。生食準備好之後便開始進行煮熟，主要的烹調方式是「炒」，蔬果、佐料、米飯在不同時間點分別下鍋炒，以不同調味方式來決定菜色。有的人切菜、有的人炒鍋、有的人裝盤，大伙們一面各司其職，一面相互輪替體驗。工作人員仔細盯著鍋子，幫忙提醒下食材與佐料。在這忙中有序

的烹飪節奏中，英文似乎只成了輔助，微笑與肢體語言才是遊客和村民間最主要而直接的溝通方式。歡笑的中文聲，也在我們這幾個來自不同背景卻使用相同語言的年輕人中，此起彼落地迴盪著。柬式鄉村菜，就這麼在輕鬆閒適的鄉村氣氛中催生而出。

看著食物從熟知的原始模樣，經由烹飪轉化成難以想像的異國料理，這中間的變換快得不可思議，往往在於一味關鍵的調味或一式道地的擺盤手法，眼前的菜餚便有了新的風貌。我們煞有其事地端菜、上桌、席地而食。菜餚一字排開，非常澎湃。柬式料理的味道像是溫和版的泰式料理，微微的甜、酸、辣卻又沒那麼甜、酸、辣，口感較為圓潤不帶稜角，香料味則更被凸顯出來。

在草蓆上，大伙一面享用著自己煮的菜，一面談天說地，過程中發現許多有趣的小事實：七位參加成員之中，有五位來自高雄，且唸過同一所知名私立中學的人，比沒唸過的還多；另一位來自廣州的年輕人，老家在福建泉州，和我的祖籍相同，我們說著同樣的閩南方言和同樣的中文，只是口音都已大相逕庭。旅行可以同時看到世界很大、也發現世界很小。

談笑聲中，屋外突然下起了大雨，像是附和著眾人似地，碩大雨滴劈哩趴啦地打在茅草屋上、打在熱帶植物的樹葉和泥土地上、打在蒸騰的熱氣上，為大地注入了清涼。鄉村茅廬，雨中用膳，此情此景，好不愜意。

吃飽飯後，雨勢也很配合地停歇了。嚮導大叔帶領我們前往鄉村深處搭乘牛車。臨行前，看見一位健壯青年在擂台上練拳，全神貫注、面露威儀。原來這裡平時是個柬拳道場。

柬式拳擊－Bokador，是自古高棉時期流傳至今的柬國傳統拳術，已有千年歷史。有這麼一說，相傳泰拳的前身是由柬拳演化而來。柬泰兩國在歷史上互相攻伐、統治，文化上已非常相近。只是柬拳在紅色高棉時期，被貶為舊時代文化的遺毒而遭殘酷打壓，相較於被視作國拳而發揚光大的泰拳，命運迥異。如今的柬拳像是一頭重傷的巨人，試圖從滿目瘡痍的文化刑場中蹣跚站起，但身後的創傷已不知凡幾。

前往牛車的路上，我們一面遊歷著沿途風光。相較於喧鬧的城市，鄉村景色簡單樸實得多，一如這裡的人們。但開發中國家的鄉村，除了自然與原始，也包含了貧窮與汙染。孩子們在河裡嬉戲，看似綠意盎然的河岸，細看下混雜了許多廢棄物與垃圾。

看著小小黝黑的身軀浸泡在黃濁的河水裡，稚嫩的臉上掛著純真無邪的笑靨，他們的生活並不充裕，卻擁有屬於童年那分單純的快樂。也許和那些穿梭於吳哥遺跡之間，忙著向遊客兜售水果和明信片的孩子們相比起來，他們已算相對幸福了吧。

我想起了小時候在高雄鄉下，那段無憂無慮的日子，那時候沒那麼富裕，家裡還捨不得吹冷氣，每天在街頭巷尾、三合院古厝空地上和鄰居玩伴們打彈珠、玩遊戲就可以很開心。相較於現在少子化、都市化的社會，物質充裕了、科技發達了，從前童年那份人親土親的簡單快樂卻稀缺了。沒有甚麼時代是完美的，如今的我們，不也是要特意走入春夜寂靜的山林，才能見到父母親小時候那些習以為常的螢火蟲嗎？

高腳屋是柬埔寨鄉間最普遍的建築物，屋下可放置農機具、供工人居住，亦有遮陰、防潮、通風等優點。

「女兒結婚時，父母會準備一間高腳屋作為嫁妝，男方則住進女方家中。」嚮導大叔說。

原來柬埔寨是母系社會，女性擁有房子，也掌管家中事。

「蓋一間這種房子多少錢？」我問道。

嚮導大叔比了一根指頭。

「一萬美金？」

「不，是一千塊。」

我瞬間又成了城市土包子了。

台灣人的平均薪資二十年來沒漲過，但在這裡，一個月就可以蓋一棟房子。

歷經戰後嬰兒潮的柬埔寨人口結構年輕，成長快速，家家戶戶幾乎都有孩子。小孩在河邊戲水，小小孩則在家門口玩耍，光著腳丫子，或跑在忙碌的母親腳邊、或坐在悠哉躺吊床的祖母身旁。

見到遊客，她們會露出微笑，那是一種純淨的、天真中帶著靦腆的笑容，偌大的黑色瞳孔閃爍著光芒，宛如黑夜裡的粼粼波光。我們拿出隨身的糖果送給她們，孩子們的笑顏更開了，像朵盛放的蓮花，寶貝地將外國來的稀有零食攢在手裡。身邊的大人們對我們投以微笑，我們也不自覺地報以笑容，這是一種極具感染力的共通語言。在她們身上，我看到的不是匱乏的困頓，而是知足的喜樂。

到了搭車點，老農夫們將牛車備妥，那是雙軛式木造傳統牛車，連輪胎都是木頭打造而成。柬埔寨的牛隻身形清瘦、肩峰高聳。耕牛品種和牛車農具自吳哥王朝沿用至今，沒有太大變化。

「為什麼這些牛都那麼瘦？」

「因為糧食不夠啊。」嚮導大叔說。

「糧食不夠？但地上都有草啊。」

「那些地很乾，沒有水，長出來的草吃不肥的。」

這裡的鄉村農田沒有水利灌溉設施，土壤缺水，只靠夏天的雨季種植著一年一收的水稻，用千年一貫的原始方式耕作。在這古老村落裡，我看到了那些壯闊遺跡以外的、以另一種形式保留在生活型態中的吳哥文化。柬埔寨這個久經戰亂的國度之鄉，時間好像就這麼一直定格在輝煌王朝的高峰。

傳統牛車的駕車人坐在前方繮繩，乘車人與駕車人背靠背面朝後而坐。一台牛車乘坐兩人，待眾人上車後，我和嚮導大叔上了最後一台牛車，就出發了。沒有車門的車，坐起來很不習慣，也很好玩。

牛車上很是顛簸，沉甸甸的牛蹄踏在厚實的土地上，牽動著堅硬的木輪，我的背倚靠著的老農夫的背也是堅硬的。這輛車沒有科技修飾過的舒適感，因此和大地之間也沒有任何隔閡。大叔坐在我前頭，一面看著農田一面對我訴說從事嚮導的原因，就是源自於對這片生長土地的熱愛。

才上路不久，老農夫突然呼喊一聲，原來牛兒拐到路旁停下來耍賴，農夫提著繩用方言笑罵著，大叔亦轉身說笑了幾句。涼風細雨拂來，看著遠方稻田，伴著束人牧牛的碎語，好一片祥和景象。我不禁想起在曬米場時，大叔拿著米粒若有所思的神情，對於這些經歷過戰事的人們而言，戰爭究竟是甚麼樣的概念。

「大叔年輕時候的那段日子長甚麼樣子？」我問道。

「那是一段你永遠都不會想經歷的時期。」大叔淡定地說。

「你參加過戰爭嗎？」

「我從軍過，我想為戰爭的早日結束盡一分心力。」

「那麼你殺過人嗎？」

這是一個白目的問題，但我實在克制不住自己的好奇。

大叔笑笑地說他待的是後勤單位，所以沒殺過人，他不願意殺害自己

同胞，但包括他在內無數個存活下來的人心中，幾乎都承受過親友們的喪生之痛。死者已矣，生者痛不欲生，這是戰爭的可怕之處。

像是被啟動了開關似的，大叔開始滔滔不絕地講起了從軍的往事，此時天空突然下起雨來，滴滴答答地，愈來愈聽不清大叔那帶有濃厚腔調的英文，我有點緊張地將相機和手機收進了隨身側包，並向鄰車友人求救：

「尚恩，你那邊還有傘嗎？」

「就我手上這把了。」尚恩苦笑道。

變成大雨了，我焦急地將側包藏在腳下，深怕相機被淋濕，大叔還在自顧著講故事，身後的老農仍舊悠閒地駕著牛，好像下雨這回事不曾發生過。

「那麼，柬埔寨現在完全和平了嗎？」我一面拂去臉上的雨水，一面問道。

「現在和平了，至少在境內文明的生活範圍內，我們不再受到戰爭的威脅。」

大叔一面向路上村民打招呼，一面說道。

雨勢一發不可收拾，我放棄了遮雨的念頭，無奈地任由無數大水滴浸濕我的衣褲。大叔依然邊說話邊揮手打招呼，他認識村裡的每一個人，村民們也都認識他，也跟他一樣視雨水為無物，大雨之下沒半個人打傘。當他們看到牛車上也有一位沒傘的狼狽觀光客，都打趣地指著我笑了。

有趣的事情發生了。

我最後的焦慮感竟就這樣被村民們的笑容一掃而空，索性和大叔一起揮手致意並學他講話，一起叫那些村民的名字。於是，我看到一張一張在雨裡笑得更加燦爛的面孔。

「為何柬埔寨人民看起來貧窮,卻很快樂?」我問大叔,原以為這會是個難題,沒想到大叔不多做思索,便回答了我:

「因為我們國家有90%以上的人信奉佛教,甚至每個男人一生中都要經歷一次出家修行。佛教倡導人與人之間的互助、互信,相信因果,對內修身養性、知足常樂;對外不分宗教立場,一視同仁。我想這就是原因。」

大叔一字一句、不疾不徐地說,語氣平和,沒有傲氣,像個帶髮僧人。剎那間,今天遇到的笑容似乎都串連成答案。第一次,我深刻地感受到宗教的力量如此深入人心,並廣泛地形塑著整個社會氛圍。那是一種內顯的、含蓄的能量,貫徹於個人的言行教化中。我沒有宗教立場,卻在這裡看見了宗教的力量,也看到了神存在於每顆虔誠的人心裡。原來所謂「高棉的微笑」,不只刻在著名的巴戎寺浮雕上,也一直活在高棉村人質樸的面孔裡。

「我們住的城市比較富有,但似乎不如你們快樂。」我有感而發地拍拍大叔的背。

大叔說樂觀是一種人生態度,但事實上,這個村莊將會在不遠的未來面臨考驗。

「面臨甚麼考驗?」

「因為那些有錢人。」

「為了利益，他們毫無節制地濫墾濫伐，我們國家80％的森林，因為人為的因素消失了。」大叔訴說著沉痛的事實，卻仍然心平氣和。

我想到了那片來高棉村路上所看到的荒草大地，心裡的疑問被解開了。

「樹木砍光後，便開始開發土地。暹粒市周邊的土地都被財團收購，農民被迫賣出土地，進城打工，或遷往更偏遠的地區。無論哪個選擇，都要離開世代生長的地方。」

「我希望藉由導覽與觀光合作來增加村民的收入，來保全這個悠久的村莊，不讓它成為全世界都長一樣的飯店或度假村。」

大叔頓了頓。

「我有可能會失敗破產，但我知道這是對的事情。因為是這片土地把我養大的。」

大叔還是一樣平和，聽到這裡，我有點激動，提高音量對他說：

「大叔，你是對的！請堅持下去，我會將你的理念帶給身邊的人，我一定會把這趟難忘的旅程寫下來！」

我抓住大叔的肩膀，心裡有一股溫熱的感動，縱使從裡到外都早已濕冷個精透。

- -

牛車回到了最初的地方，臨行前，我不禁再度和大叔握了手，拍照留念。上了嘟嘟車，回程路途，雨沒再停過，不停地落在這片帶著歷史憂傷的微笑土地上。

下鄉學菜，絕不只是學菜，更看見了民族文化，體現了人心。

這一趟旅行，開啟了我記錄旅程的念頭。回國後寫下這篇文章，首次發表在背包客棧上，讓更多人看到。其後所受邀的每一場演講裡，我也盡可能帶上這段故事。關於那塊生長在遙遠土地上的人物與歷史，既然自己能給予的實質幫助有限，那麼就讓分享的力量推及更多人吧。讓我所觸及的世界裡，知道在這地球上，有這麼一個古老的小村莊，村裡的居民們帶著這樣的精神，寫著自己的故事。

在這趟旅行中，我也明瞭了，參加在地經營的行程，除了個人的體驗外，同時也能藉由經濟的反饋與無形的推廣，讓當地人得以在改善生活的同時，亦能維繫其固有的傳統，形成正向循環。對我而言，比起門票錢進入政府口袋裡的吳哥窟，這樣的旅行，更貼近「走入當地生活」的本質，也更具意義。但，若不是因為吳哥窟，我又怎會遠渡重洋來到這裡，偶然遇見大叔呢？

生命中的每一次相遇，都需要機緣，我們乘坐著沙舟，在旅途中漂泊、停泊，經歷著故事，也創造著故事。這些不預期的相遇，可能只是你人生中的過站，也可能成為某一個信念，影響往後的一生。

在這裡，我找到了旅行的意義，那就是「分享」。

笑著哭著，我們都不分離。

胡志明

父親載著一雙兒女，前後的姊弟表情一則以喜、一則以憂，

畫面煞是有趣，相同的是，他們都緊靠著父親，沒有距離。

機車是越南主要的交通工具。

越南人常利用機車，把全家人或數件家當給載上。

隔著車窗向外望，

看到的不只是一部部交通工具，而是一齣齣的家庭人生。

丹佛

這世界上有很多東西是金錢買不來的，譬如真心、譬如自然美景。

這就是美好的生活模樣。

美好的生活風格
羊角村 。一夜爵士

那是一段為期兩周的短暫差旅，我來到了荷蘭科技業的重鎮—恩荷芬。歷經平日高張力的忙碌工作，在一個風和日麗的星期日，我起了個大晚，慵懶地在飯店裡吃了頓豐盛的早午餐，一掃差旅的疲累。望著假日玻璃櫥窗外悠閒漫步的行人、草地上吶喊踢球的學生，我決定收拾細軟，獨自驅車前往知名的羊角村一遊。

羊角村位於荷蘭北方，距我所在的南方城市恩荷芬約兩小時車程。在北上的路途中，一路相伴的太陽漸漸不敵秋末的陰溼，從藍天掉入烏灰的雲層裡，接著，車子更開進了迷濛大霧中。下高速公路後，約莫還有七八公里路程，徐行在蜿蜒的鄉村小徑上，四周盡是草地與路樹，稀疏的小屋被籠罩在瀰漫的霧氣裡。聽說羊角村是個童話世界，此刻彷彿就像走進童話前的迷霧森林，教人分不清是夢境還是現實。

不一會，眼前一片豁然開朗，駛出了濃霧與樹木，前方是一片遼闊的濕地，這裡是西北歐最大的沼澤地帶，羊角村即座落在其中。

穿越若干沼澤地後，終於來到了羊角村。它就矗立在原始溼地的中央，顯得突兀而夢幻，說這裡是童話世界，一點也不為過。事實上，它的起源與這片自然環境息息相關。這裡的沼澤低地土壤貧瘠，幾無利用價值，先民以挖取蘊藏於地底的泥煤維生，因而開鑿出縱橫交錯的渠道用以運送物資，小巧的河道穿梭在家家戶戶門前，造就此地「北方威尼斯」的別名。然而，相較於商業氣息濃厚的貿易之都威尼斯，工礦業起家的羊角村顯得質樸許多，儘管兩者皆已成為觀光勝地，一個喧鬧、一個靜謐，各具其趣。

你若來到這裡，便一定要下車走走，沿著主河道沿岸一路走下去，來到車子無法進入的步行區，才算真正走進這個童話世界裡。你會讚嘆這個世界的精巧與美好，小橋、流水與人家，賞心悅目地一字呈現在眼前，整齊劃一中帶著各自巧妙的活潑生動。

各具特色的小屋，精心佈置得如同一件件老藝術品。蘆葦搭建的屋頂，像是可愛的深褐色草帽，戴在不同長相的磚房臉蛋上，小屋草帽是過去刻苦貧乏的象徵，如今反成為了昂貴的自然建材。小屋的外觀維護、庭園的整潔以及屋內的窗明几淨都是住在這裡的人們須恪守的規範，好讓這村子的美好生生不息，荷蘭人對家的重視，在此處表露無疑。

沿途除了住家，亦有餐廳、旅店、手工藝品店讓你佇足；若是心血來潮，亦可租艘小船，悠遊於古老的渠道上，體驗先民的水上生活。在村內移動端賴步行、單車或船隻，這裡沒有現代化的交通工具與大馬路，時間依舊凍結在古老的歲月裡。

傍晚時分，霧氣從沼澤地另一頭蔓延過來，籠罩住村莊。眼前的景色慢慢沈澱、慢慢淡化，天色微暗，如夢似幻。暮霧裡的小鎮，秋葉蕭瑟，別有一番滋味，彷彿下一個轉角就會遇上打著油燈的小紅帽和大野狼。

空氣中的冷冽讓我打了個哆嗦，眼前正思量著找個所在用餐休息，耳邊已被隱約而悠揚的音樂聲吸引。循聲來到一間街邊的小酒吧，音樂聲中漸漸夾雜了人群喧鬧聲，「就是這裡了。」我不經思索便推門而入。

這是棟單樓層的小木屋，一隻年輕的爵士樂隊正在現場演奏，挑高的斜屋頂迴盪著樂聲，裡頭聚集了二三十位銀髮荷蘭人，一邊聆聽音樂一邊喝酒聊天，好不熱鬧，和街頭的僻靜形成對比。鵝黃色燈光從蘆葦屋頂樑柱上灑下一層溫暖，悠揚的音樂與氛圍令人樂於流連於此。

我點了份牛排，獨坐一桌，一面嚼著肉一面聽著音樂。聆聽爵士樂最有意思的地方，就是每把樂器都像一個人，都有自己的個性，演奏的過程就像是幾個不同的人，在舞台上時而高聲闊論、時而低語呢喃、時而爭執不休、時而和樂和諧、時而同聲共氣、時而各說各話，不自覺地，你就會隨著這群人的喜怒無常而搖擺。

層層音符堆疊出漸漸高漲的情緒，隨著音樂與酒精的催化，觀眾逐漸沸騰起來，紛紛起身跳舞，我也不自覺地手舞足蹈起來。

全場裡，我是唯一一位亞洲人，幾位荷蘭人主動向我問候，親切中帶著好奇：

「你也喜歡這音樂嗎？」

「你們國家的人也聽爵士樂嗎？」

「你是我在這間酒吧裡見過的第一個亞洲人呢。」

其實羊角村的亞洲觀光客不少，只是多數人會去有名的餐廳用餐，

大多在天黑之前就會離去，更少人會獨自擅闖酒吧。這時還在酒吧裡的，幾乎都是當地荷蘭人。

「是迷路把你帶來這裡的嗎？」一位叫馬泰的大叔，一邊跳著滑稽的舞步、一邊幽默地說道。「等會不要找路了，跟我們去下一攤！」他朝我眨眨眼。

「那個薩克斯風手是我兒子，很英俊吧！」隔壁一位大媽目不轉睛地看著表演，眼裡盡寫著關愛。

在這裡，膚色與種族的不同並沒有讓我感到不自在，倒是遇到不少善意的攀談，在這樸實小鎮裡，人情味俯拾即是。

表演結束，飯飽酒足，天色轉黑，我看了看錶，六點多了，正準備要動身離開。一推開門，只見馬泰大叔和幾個朋友站在路口。

「杰克，不覺得結束的太早了嗎？下一家，跟我走！」他又眨了眨眼。

「走啊！」旅程中最讓我無法抵抗的，就是走入當地生活的邀約了。

於是我在夜的羊角村裡，和幾位荷蘭大叔大嬸一起跑攤。此時的羊角村益發寧靜，遊客散去、但濃霧不散；沒有滑槳聲、只有細微的潺潺流水聲。孤星般寥寥可數的街角路燈守在夜的河渠邊，燈光在濃霧裡化為一團暈映，為夜路人指路。小屋們都隱身在黑色帷幕後，只能從窗內透出的些許燈火來辨別它們的存在，除此之外，再無任何光害。

我們來到一間人聲更為鼎沸的酒吧餐廳。星期日的夜裡幾乎座無虛席，馬泰大叔很自然地和幾位年輕荷蘭人打招呼並與他們同座。「這位是來自台灣的朋友！」他熱情地向大家介紹。大夥開始聊起天來，話語聲此起彼落，只要一聽到英文，那便知是在向我問話，對我而言，再單純不過了。

「你鎮上好多朋友。」我對馬泰說。

「喔，我和他們才剛認識而已。」他聳聳肩。

「甚麼？你和他們同桌得太自然了吧！」

「因為我不想站著啊，哈哈哈。」他露出頑皮的笑容。

「每個星期日的夜晚，出門、挑一間喜歡的酒吧、聽聽音樂、跳跳舞、認識新朋友。我和老婆每個禮拜都是這樣過的。」

多麼平凡又幸福的生活情趣。馬泰轉頭看了看身旁那正忙著招呼大家的老婆，馬泰夫人是一位氣質出眾而優雅的女性。

「杰克想喝什麼呢，啤酒好嗎？」她問道，不一會後便笑盈盈地拎著幾罐啤酒回來。

我自認在荷蘭公司上班，深知他們的Go Dutch（各付各的）文化，連忙掏錢出來，她卻露出「幹嘛呢」的表情笑著拒絕了，我誤會了，原來荷蘭人也是會請客的。

馬泰與馬泰夫人

「杰克,來,我向你介紹一下這裡。」麥克說。

麥克是馬泰的好朋友,他們一起在附近鎮上的光學鏡片公司上班,當了幾十年同事。麥克一頭白髮配上白色山羊鬍,看起來像是沒有殺氣的史恩康納萊(Sean Connery),開始向我述說這間餐廳的故事:

「五十幾年前,這裡曾是一間電影製作公司,他們出品了荷蘭影史上最受歡迎的喜劇片—"Fanfare",我們這一輩的,沒有人沒看過。這部片在羊角村拍攝,電影的成功讓這個小村莊知名度大開,後來這裡成為了餐廳,就以這部電影為名。」說完,麥克指了指吧檯。

吧檯邊的電視不停地播放著這部黑白喜劇經典,木頭天花板上釘滿了來自世界各地的車牌,空間裡充滿旅行的氛圍。

"Fanfare"之於羊角村,就如同「悲情城市」之於九份吧,我想;但羊角村是如何維持它一貫的靜謐,九份又是如何失落於現代的喧囂裡呢?我又想。

隔壁房間傳來了演奏聲，我和馬泰一行人被吸引了過去，一個爵士樂隊剛剛登台，和前一間酒吧的年輕樂隊最大不同的是，此一樂隊成員的年紀都是可當他們爸爸的父執輩。團名叫"Blue Silver"(藍銀爵士團)。Blue，是身上的穿的制服藍；Silver，則是頭上的白髮銀。他們模樣認真地吹奏著源自紐奧良的迪克西蘭爵士(Dixieland)，非常雋永，也非常古老。銀髮老伯們演奏的旋律就像時光機，把我帶到了遙遠過去的想像邊際。在藍銀樂隊的年少時期，一樣的旋律，是當時最摩登的音樂。頭髮茂密的他們衣著光鮮，或在酒吧裡靈活地搖擺著、或在舞台上抖擻地表演著。如今，年少的狂放與悸動，裹上了一層厚厚的年輪，在羊角村老酒吧裡盡情地揮灑。眼裡看到的阿伯們，外在動作已顯老態，但耳裡聽見的樂音仍舊響徹，我享受地閉上雙眼，藍銀樂隊彷彿又再年輕了一次。

羊角村一帶是人口老化的鄉村地區，可這裡的銀髮族，不但很會享受生活，也很會享受「表演生活」。藍銀樂團成功地帶動全場氣氛，在迪克西蘭圓潤而和緩的曲風中，觀眾歡笑地跟著拍手起舞。

「這位是來自台灣的朋友！」這句話成了馬泰今晚的口頭禪，逢人就說。除了深刻感受到荷蘭人的友善，更令我訝異的，是這個民族的國際觀。在這遠離城市的小鎮上，我所遇見的每一個人，包含觀光從業人員以外的當地人、包含年輕人與老人，都說著一口流利英文、都知道台灣在世界的哪裡。馬泰說，荷蘭的教育系統裡，每個人除了荷蘭母語外，都要修習兩種第二外語，除了英文以外，通曉德文、法文或西文的荷蘭人亦比比皆是。我深刻地從日常人民身上體會到，被環伺於英德法等歐陸大國之間，荷蘭這個與台灣面積差不多大的小國，是如何落實語言能力及開放文化，進而與世界接軌，成為貿易強國的。

這趟旅程，我預期看到一個童話王國，卻一點也不預期能夠在荷蘭的鄉下，品味兩場動聽的音樂饗宴，更不預期會走入荷蘭人的世界，同他們一起喝酒跳舞談天。旅行中最美妙之處，往往是這些不預期的插曲，也許這是為了平衡在漫漫人生裡，我們總是花費太多精力在努力達成自己的預期吧。

「杰克，你要走了嗎。」看到我穿上大衣，戴起帽子，馬泰若無其事地問道。

是啊，分別的時刻到了，我抱了抱他們，感謝大家帶給我一個難忘的夜晚。馬泰的朋友替我們留下合影，那是一張很快樂的照片，馬泰與馬泰夫人、麥克與麥克夫人，照片裡的每個人都咧嘴笑開懷。

走出店門口，外頭仍是一樣地漆黑寧靜。我走經渠道上的小橋，看著河裡燈光的倒影，一隻貓跳上小橋扶手，輕手輕腳地走來我身邊撒嬌，彷彿代表羊角村向我道別，連句點都如此完美，真有些不捨了。

一夜爵士的羊角村，在我生命裡畫下了一頁美好。

旅行中最美妙之處，往往是一些不預期的插曲，也許這是為了平衡在漫漫人生裡，我們總是花費太多精力在努力達成自己的預期吧。

當我們青春的時候，總是想著要長大；
當我們長大了之後，卻總是緬懷著青春。

二十歲的我們懷念十幾歲的倔強，

三十歲的我們懷念二十歲的張狂，

四十歲的我們懷念三十歲的好強。

青春就像一列不靠站的列車，我們站在月台上，望穿秋水地盼著它
來，然後依依不捨地目送它離開。只是它走了好久好久，你依然看
得見。

我們並不是真正的老去，只是一直活在青春的背影裡。

人與人的相逢，無法刻意，也並非偶然。

台北

前任主管是個美國人，來台灣工作三年後便轉調荷蘭，最近回台出差，找了我們幾個舊部屬出來喝一杯。在差旅頻繁的外商公司上班就是如此，原本朝夕相處的同事，突然就遠赴他方，分離幾年後，某次的出差路上，再不經意地相會。

人生也是如此，你常常不知道這是彼此最後一面，也常常不知道某年某日你們又會不經意地相會。所以中文道別的哲理才顯得如此意味深長－再見、再見－我們再也不見、我們一定還會再見。

最大的阻礙，永遠都是自己。

南投

現實生活裡，將你和世界隔絕的，
往往就那麼一道低低的檻。
走出去，最需要克服的，
不是行動的難度，而是意志的強度。

"我常想，若是有人讓我住在一根枯樹幹裡，天天無事可做，只能仰
望那一小塊天空的變化，最後我也會慢慢習慣。人到最後什麼事都會
習以為常。"
—卡謬《異鄉人》

你飄洋過海，我千里歸鄉。

歷久彌新
高知。三十年的友情

「嗨！吉田桑，好久不見！我們靠岸了！」

一早就被爸爸中氣十足的講電話聲叫醒，我睜開眼，陽光透進房間，隔著半開的落地窗，風輕輕地吹動窗簾，我看見了海上的港灣。

我們在春末時節搭上開往日本的觀光遊輪，這裡是遊輪停靠的第一站——高知。

雖然沒來過高知，但對我們家而言，這是個別具意義的地方。高知是父親生命中的好朋友，也是工作生涯前期的老長官——吉田先生的故鄉。聽聞我們要搭船來訪，人在海外工作的吉田先生，特地從越南胡志明飛回大阪，再偕同妻子坐車回高知接待我們，30 多年的深厚情誼不因職場的去留而消散。

由於是登陸的第一站，海關的入境作業耽擱了好一陣子，好不容易隨著 3,000 多名乘客下了船，踏上日本國土。眼前一片兵荒馬亂，所有人都在尋找遊覽接駁巴士，唯獨我們遠遠就看到兩位日本友人，站在岸邊引頸期盼著，讓這片土地更沾染了溫度。爸媽開心地握住吉田夫婦的手，從前朝夕相處的老同事，如今成了久別重逢的故人。

吉田先生笑著和我問好，他看著我從小長大，自己卻數十年如一日，精神依舊爽朗，沒有衰老的跡象。吉田先生的友人淺川先生也是爸爸的舊識，特地開了台小巴來接送我們。一路上大家有說有笑，吉田先生曾在台工作多年，精通中文，妙語如珠，時常扮演跨國溝通的橋梁，也是眾人的開心果。

「高知縣長今天在忙，我謹代表縣長來歡迎你們。」也許是長年在外地工作的原因，吉田先生身上少了一分日本人的拘謹，多了分台灣人的隨性。

「日本女人戴珍珠出席的時候，就代表她非常重視這個場合喔。」妹妹對我說。我們倆從後座望著吉田太太脖子上那串剔透的珍珠項鍊，以及她側身的笑臉。

車子開著開著，來到了高知城，高知城名列日本百大名城之一，規模不大，但地勢居高臨下，氣勢巍峨。

高知城的建立者是戰國時代武將山內一豐。他歷仕織田信長、豐臣秀吉、德川家康等大名，累積戰功，最後終被分封為一城之主。山內的妻子千代是賢內助的代名詞，在山內還是個下級武士時，曾經相中一匹駿馬但無力購買；千代得知後，便偷偷變賣嫁妝，為丈夫購得良馬。也因為這匹馬，讓山內在戰役中嶄露頭角，得到織田信長的賞識，成為一生功名的起點。

山內對千代百般疼愛，終其一生未納任何側室，這在當時的社會實屬難能可貴。如今，城堡內仍可見千代的雕像與一「愛妻之碑」；山內對妻子的愛亙古至今，依舊鮮明。在日本，處處都可看見時光豐厚的美感，就像一把溫潤的老茶壺，將陳年的茶湯澆在歷史上、澆在愛情上，也澆在了友情上。

山內一豐建立高知城後，這裡一共歷經了 16 任城主，直至 1871 年廢藩置縣為止。

「日本許多城堡的外觀都大同小異，去過一個就等於去過了很多個。」吉田先生打趣地說。

我們沿著石板階梯向上行，看見鮮紅色的杜鵑花經歷了北國的冬天，在細細的枝條上正盛放得嬌豔欲滴，吐露出孱弱的美麗，正如詩裡描述的：「杜鵑啼處血成花」。

高知城裡充滿了台灣遊客，遊輪帶來的觀光效益極為可觀，就連一旁賣冰的小攤子也生意興隆。此種冰不含奶油，口感清爽，比起冰淇淋而言更像是水果冰沙，是高知的名物。大夥兒一邊吃著冰一邊聊天，媽媽誇讚吉田先生容貌數十年如一日，看不出來已年屆 80。吉田先生打趣地說道，前陣子他走在路上，才被一個老頭子叫住，一問之下，發現對方竟是兒時玩伴。

「我們上次見面可是 70 年前的事啊！他還能認出我，是我小時候長得太老，還是現在長得太可愛啊？！」一句話逗得眾人哈哈大笑，和容貌一樣，不隨著歲月改變的，就是有吉田先生在的地方，總會伴隨著笑聲。

我們繼續沿著城堡階梯向上走，高知城是建在丘陵上的平山城，吉田太太不耐久爬，走得有些吃力，吉田先生溫柔地挽著她的手臂，一步一步緩緩向上。我在背後看著這畫面，看見陽光灑在兩人身上，框成溫馨的輪廓，人生到老，要的其實很簡單，無非就是這份歷經歲月打磨後的平凡幸福。

告別了高知城，我們來到市中心的一番街。此處商店集中林立，應有盡有，但對比擁擠的招牌，人群的稀落顯得有些蕭條。

「高知人口外移得很嚴重，這裡沒有甚麼新產業，留不住年輕人。」吉田先生說。資源高度集中在大城市所產生的磁吸效應，與二線城市的人口結構老化問題，在日本被凸顯得更為嚴重，吉田先生這番話令我想起了故鄉高雄。

高知的另一項特產是珊瑚，這裡的阿卡珊瑚色紅如血，品質為世界之冠。珊瑚化石也是時間的寶物，由一代一代前仆後繼的珊瑚蟲群聚鈣化而成。這些化石被琢磨成散發光澤的精緻首飾，有冶豔的鮮紅，也有素雅的粉紅。

鮮紅色的阿卡珊瑚，因為受到華人的追捧與當地捕撈的管制，價格連年上漲，動輒數十萬日圓起跳。看見價目條上排排列著好幾個零，那折射出的紅色光澤裡，彷彿散發出一層難以親近的貴氣。

跟著吉田先生的腳步一路走訪，太陽逐漸西下，晚宴時刻即將來臨。日本友人宴請的餐廳就在一番街裡，叫做「土佐ノ國 二十四万石」。土佐是高知的舊稱，這間餐廳專賣高知傳統料理。門口還擺了當地著名鬥犬「土佐犬」的雕像。

餐廳內部的裝潢傳統而典雅，不失古味。厚重的木造建築、穿著和服的女服務生，如果沒有燈泡的照耀，這裡宛如就是幕府時期的場景。

走進二樓的包廂，寬敞的傳統日式和室裡，餐廳女將正仔細地琢磨著一盆插花，好幾位日本友人已在那裡候著了。

「Bill 桑！好久不見！」和爸爸熱情打招呼的是晚宴的東道主辻先生，他與淺川先生都是吉田先生的好朋友，也和父親相識已久。

「這束櫻花是老闆特地差人從山上採來的，是今年高知的最後一束櫻花喔。」辻先生指著女將說道，並發給我們一人一個徽章，上面寫著「高知家」。

「今天，你們就是高知的家人。」

望著那束最後的櫻花與身上的徽章，我由衷地感受到那股竭誠接待的心意。這些父親退休前的朋友都好久不見，而那些退休後的情感皆真實上演。

不一會兒，料理上桌，這是五人一份的土佐料理盛合，大盤子上熱熱鬧鬧地滿載了 10 來道菜，氣勢驚人，皆是高知名物。

高知的酒器，其特徵是酒杯凹凸不平無法平放或杯底有洞。意即當斟滿時，除了當下一飲而盡之外，沒有其他方式能夠放下酒杯，足見高知人飲酒時的豪氣。

這場晚宴除了朋友與家人外，辻先生還吩咐了兩位餐廳資深人員一同入席，一面服務一面共同享用，微妙地讓人感覺更像是在朋友家中被招待。日本人的細膩與用心，體現在極其入微的細節裡，實在不簡單。

席間，身為語言橋梁的吉田先生嘴巴幾乎一刻不得閒，另外兩位通曉英文的川畑夫婦也很熱情地與我聊天。日文、中文、英文與笑聲此起彼落，迴盪在包廂內。在這裡短短逗留半天，我明白高知終將成為記憶中的難忘之地，父親似乎也有同感，酒酣耳熱之際，站了起來，向所有人致謝：

「今天謝謝辻桑、淺川桑、吉田桑以及那麼多好朋友，如此熱情地接待我們家人，非常謝謝你們。」爸爸說一句，吉田先生便用日語翻譯一句，似乎是他們長久以來很自然的默契。

「雖然這只是我今生第二次來到高知，但感覺高知就像我的第二故鄉，因為這裡有那麼多我熱情的好朋友們。」

「未來，我誠摯地邀請在場的大家來台灣高雄作客，請務必空出時間，讓我好好招待你們。」吉田先生比手畫腳地翻譯完最後一句後，全場爆出了笑聲。

爸爸笑著指了指吉田先生：「他又開始亂翻譯了。」吉田先生露出了頑皮的笑容。

爸爸和吉田先生，在外商公司工作了一輩子，都見識過世界的遼闊，也經歷了人事的浮沉，更體驗過職場的虛華與現實。在分別年屆耳順與耄耋之齡的當口，他們早已洗盡了人世鉛華，褪下斑斕的官場外衣，花花世界裡，唯一經得起年月的篩子反覆揀選的，就是那純粹的感情。

人生好比爬一座山，在年青之時，我們費盡心思地登高望遠；在暮年之期，勢必也得踏實謹慎地穩步下山，而最終，老去的我們都會走回幼年來時的平路上，回歸大風大浪前的簡單與自然。

這些純淨而深刻的情感，就像珊瑚一樣，是時間沉澱後的寶物。在這個充滿年歲美感的國度裡，我更能深刻感受到這些長輩們真實的初心。

快樂的時光總是飛快，這場充滿人情味的高知之旅，讓我們恨不得能多留一會兒，但即將啟航的遊輪是不等人的。上了計程車，我們將車窗搖下，對熱情的日本朋友們使勁揮手、不停揮手。

可不能停喔，在你從視線消失之前，日本人是不會停止揮手的！

真心的朋友，好比冬日裡的太陽。

紐約

真心的朋友，就好比冬日裡的太陽。

灑在肌膚上，也不油不膩；

隔著厚衣物，也不感疏離。

你偶然露臉一次，我就朝你笑得開心。

回憶，是生命的印記。

希臘 聖多里尼

我們都在製造過去，每一個滑過眼前的當下，轉瞬就成為了回憶。

時時刻刻，無知無覺，在一個個習以為常的平凡日子裡。

我們都太過容易習慣，也忽略了很多事情一旦過了就不再回頭。

譬如說第一次牽手、最後一次踏出校園、

換了第二份工作、搬了第三個居所。

年月有如落葉塵土，在回憶之上層層堆疊。它終將漸漸斑駁，慢慢遠去。

為每個時期的自己，留下幾句隻字片語，或是幾幅身影吧。

這些回憶的結晶，將伴隨歲月的土壤越陳越香。

無論它是苦是甜，在很久很久以後，

你終將淡淡地笑看著，那時所埋下的曾經。

我們總是太急著享受成長的果實，太羞於面對成長的脆弱。

面對挫折

麻薩諸塞 。獨白

在美國外派的日子，我待在紐約市近郊，一個坐落於康乃狄克州，名為諾沃克的小城市。初來的時候是冬末春初，正值新英格蘭區雪季的尾端，因此我在這裡嘗試了人生的初次滑雪。

麻州的胡桃鉗雪場是距離康州最近的滑雪勝地，坐落於東北方的華納山區，22個滑雪道盤踞在兩個山頭上。三月初造訪時，已屆融雪時期，雪況並不是很好，隨時都可能關閉。能趕搭上最後一波，滑上人生第一回雪也算是幸運。

一開始，我出奇順利地在兩個小時內通過了免費的初學者課程，能夠緩坡滑行、左右轉彎、煞車、在新手區練習道上來去自如，菜鳥班教練華特對我豎起大拇指後便離開了。於是我妄想一步登天，挑戰正式雪道，滿懷信心地跳上纜車，一路坐到山頂。

接著，便是一連串挫敗的開始。

正式雪道的坡度與新手區不可同日而語，自跳下纜車那一刻開始，我的膝蓋就沒有停止過親吻大地。大陡坡讓我不停跌倒、爬起、跌倒、再爬起、然後更加用力地摔倒。

掙扎了良久，腳下山坡仍舊很高，自信心卻越跌越低。我開始懼怕看不見盡頭的滑道與映在眼裡的白色飄渺，愈是害怕，就愈是摔跤。我感到呼吸急促、緊縛著雪鞋的雙腳越來越沉重，其他滑雪者不斷從身旁呼嘯而過。在一次奮力一滑、換來騰空屁股的完美落地後，我吃力地拄著雪杖想撐起身子，但意識到可能只是又一次徒勞，索性雙手一攤，躺在雪地裡不動了。

"Are you OK?"

"I'm fine."

身邊不時有滑雪者善意的關心，有些人只默默看了我一眼，便滑過身旁，眼裡藏的不知是冷漠還是憐憫。而我只想到無人的地方，因為我在意那樣的眼光。

不知道離終點還有多遠，我感到有些無助，護目鏡下籠罩著的是孤獨的喘息聲，護目鏡外正對著一片湛藍天空，兩隻美國老鷹悠遊在空中的海洋，髮際上的熱汗涔涔地滾落到冰雪上，我想起了上一個不停跌倒的日子。

那是七歲的一個夜晚，當時的我，每天都會和爸媽去附近公園騎腳踏車。那天，爸爸和我討論後，將我腳踏車上兩顆後輔助輪拆掉，試著讓我去騎真正的「單車」。

牽著會左右傾的心愛腳踏車，我內心有一股雀躍，彷彿正式被宣告長大了。然而，成長是需要付出代價的，從那一刻開始，我每日熱衷的競速運動瞬間變成了夢魘－我再也無法騎上腳踏車，取而代之的是無止盡的摔倒。以前在公園裡風馳電掣的自己，現在連怎麼前進都成了問題。公園裡人來人往，還有素不相識但認得彼此坐騎的其他小朋友。我感到萬分窘迫，像做錯事卻不知哪裡犯了錯的小孩子，頭低低的，始終不敢抬起。

爸媽發現了我的異狀，沒說甚麼，只把我帶到家附近的巷子裡練習。到了沒人的地方，才鼓起勇氣再度跨上腳踏車，我不停地嘗試，結果還是一樣，沒有一次能在椅墊上待超過三秒鐘。跌跌撞撞了一整個晚上，我始終找尋不到平衡感，更無法接受自己在爸媽面前那麼失敗。越是急躁、便越是挫折，一度沮喪地想要放棄。

爸媽沒有絲毫不耐，只是在背後默默地替我推著腳踏車、看著我搖搖晃晃地跌倒，再一起準備下一次的嘗試。他們不過度安慰、也不失望責備，只是一次又一次地陪我，在這幼童的人生關卡當口，他們的態度給了我很大的安定力量。漸漸地，我學會不再因為害怕讓別人失望而自責、不再讓擔心摔倒的恐懼左右自己的情緒與專注力。

我靜下心來，拋開一切，聚精會神、沒有後顧之憂地尋找那存在於二輪機具裡的微妙平衡感。從那一刻開始，才慢慢感受到進步，一次又一次，摔倒的間隔越來越長。最終，當腳踏車輪持續轉動的那一刻、當盲點突破的那一刻、當小男孩歡呼馳騁在夏夜巷弄裡那一刻，先前種種心情轉折歷程，都一併清楚地刻劃在深埋的記憶裡。

- -

「……所以呢，我現在是在害怕甚麼？」自顧自嘟噥著。

我已經長大，爸媽已不在身旁，想起兒時學騎的往事、想起隻身來到紐約面對工作上充滿挑戰與挫折的這段日子，想起了，我該恐懼的不是跌倒本身，而是忘了如何接受跌倒的事實。

阻礙自己目標的最大敵人，不是陡峭的山坡，而是自己的心魔。

我起了身，繼續朝山下前進，不在乎跌倒、也不在乎身旁經過的滑雪者。持續摔了一陣子，世界沒有停止運轉，我的視野逐漸狹窄，雙眼略過無邊無際的皚皚白雪，專注地來回掃動在眼前的雪道與腳下的雪板之間，紮實地感受腳下掠過的觸感。我穩定地前進，伴隨著一次比一次，間隔越來越長的摔倒。當你習慣了跌倒，就能漸漸享受跌倒的過程，只要能多站在雪板上五秒，下一刻的痛楚都是種美感。

我一路跌跌撞撞，卻越挫越勇，因為也沒有甚麼變壞的空間。

最後，我看到了終點，那是約莫一百米長的ㄑ字形大陡坡，令人望之生畏，山腳就在陡坡的盡頭。

剛才華特教練的話言猶在耳：「滑雪最迷人之處啊，在於享受面對恐懼的過程，~~這是為什麼我曾摔斷過骨頭、肌腱斷裂，還仍舊如此深愛著滑雪~~。」心裡咀嚼著（我盡量不去想後半段），一併帶著兒時回憶，屏息、咬牙、奮力一滑！

華特教練

雪板傾向大陡坡那一刻，像靜止的雲霄飛車猛然下衝，寒風拂過雙頰、腳下感受到前所未有的速度、手裡的雪杖亦遭遇到前所未有的阻力，大片雪花噗刷刷——地被激起，一切就結束在短短的幾秒鐘內。

碎雪落定，我直挺挺地站在其後，和正在山腳下休息的同事們面面相覷──這是我生命中克服的第一個大陡坡。同事們沒看見到我摔了一整路，只看見一個滑雪菜鳥第一次就順利降落的畫面，皆瞪大雙眼、驚呼連連。我杵在原地，細細地體驗最後一刻是站著的美妙滋味，那單車上小男孩的歡呼聲一直迴盪在腦海裡。

站在原地沉醉了一會兒，然後婉拒了同事們挑戰更高難度路線的邀約，我知道自己能夠順利滑下最後一段賽道，完全就是「賽到」，自己的底子遠遠不夠，不如乖乖地回到新手區練習。心裡一邊慢慢回味，最後那短短幾秒鐘，結出的果實固然甜美動人，不過構築這幾秒鐘之前，那大半小時的一身烏青，才是珍貴且值得一再玩味的人生態度啊。

我們總是太急著享受成長的果實，太羞於面對成長的脆弱。

要知道，無論整個世界如何看待你，無論再怎麼孤獨，一定有那麼一個永遠站在你身邊的人，就是自己，這樣就夠了。

人生很不容易，倒了再爬起來，累了就休息吧。而最後能決定走到哪裡的，終究是自己的目光，不是別人的眼光。

首爾

旅途中突如其來的一場大雨，有時會斷了行程、亂了心情。

卻也似乎在提醒著你，生命無法處處盡如人意。

與其勉力弄濕自己，不妨適度地靜下腳步，和屋簷下一同等候沉澱的
人們，一面相視而笑、一面期盼雨後的光景。

雨停後，再一起前行吧。

我們背負著從前，譜寫著未來。

桃園

已經不知道是第幾次，在國門前路過這首詩。

我們的文字與文化表現，在這條長廊上被點亮，

略草的書法似要你慢慢地讀，提醒每個旅人你來自何方，

當我們在滿心追尋著世界時。

執念容易，放下不易。

放下執念
首爾 。千年古剎

在首爾出差的時候，自己的狀態並不是很好，還沒從一段感情的消逝中平復過來，當時工作繁忙的程度也讓我難以兼顧寫作，心中煩惱有如千絲萬縷，找不到可以梳理的出口。一方面奢求多一些空間讓自體療癒，一方面卻又害怕閒下來，失去了轉移注意力的焦點，得孤獨赤裸地直視自己。人本身就是矛盾的個體，當心理狀態失去了平衡，就是處於矛盾激化的過程。

白天，我埋著頭在科學園區的無塵室裡工作，在陌生的異地，孤獨感很容易被放大。每天的通勤路上，我盡可能打開話匣子與同事聊天，避免讓情緒掉進孤獨的迴圈裡。在一次閒聊間，一位年輕的韓國新進同事－旻在告訴我他最近剛失戀的事。

「哦？為什麼呢？」這引起了我的好奇。

「因為我沒有進到大企業工作，被分手了。」旻在無奈地說。

韓國同事口中的大企業，指的是三星、現代、LG等本土大型財閥。我們效力的公司雖是大型跨國企業，但在韓國只設立了維修技術工程團隊，像這類規模不大的海外據點或中小企業，並不是韓國「傳統菁英」的首選路線。韓國人的團結一致，除了反映在偶像團體整齊劃一的舞蹈中，也反映在集中資源扶植的企業巨獸上，更進而反映在職涯選擇的價值觀上。

「現實的問題比較沒有轉圜餘地，但也比較單純，彼此相合則聚、不合則散。精神層面的問題就比較難解了，你似乎總看得到一線生機，卻也總是千絲萬縷，糾結萬分啊。」我拍了拍旻在的背說。

每一段感情都有不同的關卡，無論是現實考量或精神層面，各有各的無奈難處，在繁忙工作之餘，能和一位在異國初識的天涯淪落人互相取暖，也是意外的心靈安慰劑。

我下榻的飯店就在奉恩寺對面。那是一座擁有一千兩百年歷史的古剎，坐落在江南精華區內，倚丘而建，與外界的繁華相比，顯得遺世而獨立。

那天和旻在聊完，心裡稍稍得到舒緩，下班後回到飯店，見天還亮著，便信步走來奉恩寺。廟門口蓋得古拙雅致，正對著外頭變遷快速的花花世界，數百年如一日。

奉恩寺的第一道門是真如門，「真如」代表事物萬有之本質，走進真如門，即象徵踏上了追尋真理之路。我默默地跨過了門檻，希冀能尋求讓心靈安定的真理。眼前是一道筆直而寬敞的長廊，大片荷葉群沿著長廊鋪排，成排的白色燈籠在頭頂上綿延，這段路彷彿是外界與佛門間的橋樑，在朝向寺院深處走去的過程中，慢慢洗滌著塵世的心靈。

通過法王樓後，只見白色燈籠籠罩住頭頂的天空，成為一片漂浮的汪洋。每一個燈籠上面都有一個名字，是信眾們追思的先人，將心意高懸空中，伴朗誦的禪經縈繞於四周。在這裡，思念被轉化為意象與聲響，企求打破陰陽的結界，傳遞給另一個世界。有些人的肉身已消逝，但靈魂依然活在某些人心中的某一塊，思念不止息；而許多曾經親密甜膩、佔據心靈大半個世界的人，卻又是如何走到形同陌路的呢？

奉恩寺內供奉著數個不同殿場，小巧細緻中負載著歷史的厚度。我跟隨僧人腳步，漫步在燈籠繚繞的山坡小徑中，四周都是山林佛寺，彷彿脫離了塵世。走到草木扶疏處向外一望，卻又看到近在咫尺的都市叢林，出世與入世僅在一草一木間，而像我這般僅來沾染幾分寧靜的人，又有凡幾？

我路過幾處佛殿，看見殿內祈禱的信眾，清一色都是中年女人，她們衣著樸素，閉眼默誦禱詞，這裡是主婦白日裡寄託心靈的場所。在這繁華虛浮的高級商業區地帶，在這功利主義凌駕於台灣的韓國社會裡，這些女人們能做的祈求，也許就是為了那晚歸的另一半的仕途、為了家人心願的追尋、也為了自己內心僅有的那一塊平靜與安寧吧。

走著走著，我來到了板殿，板殿是一座門戶緊閉的佛堂，卻是我駐足最久、印象最深刻的一處所在。

板殿是奉恩寺裡歷史最悠久的建築物，因大藏經經文雕刻在木板上用以印刷而得名，內藏有三千四百餘部佛經經板，是唯一一座未在1939年的大火中遭焚毀的建物，也許這正是板殿的宿命吧。板殿被指定為首爾市有形文化財產，至今仍門戶緊閉，不對外開放，斑駁的木門蒙上了一層古老的神秘。

我信步經過此處，目光被那寫著大大金色的「板殿」兩字匾額吸引，那筆觸古樸而厚實，似富含童趣、又似鉛華洗盡，筆鋒隨心所欲，不受拘束，極為搶眼。旁邊的落款更是引人好奇，寫著：「七十一果病中作」。

這是一位七十一歲的抱病老者所寫的嗎？我想著，一旁的立牌解答了疑惑：匾額題字者是韓國的書聖－金正喜先生，身兼書畫、經學與金石學家，文化地位備受推崇，此副匾額為金先生過世前三天所題。

「過世前三天？」

我不禁瞠大雙眼仔細端詳那兩個字，人之將死前的絕筆，會是怎樣的心境、怎樣的筆勁。沿著一筆一畫，想像那隻筆桿握在一個即將走完一生的書法大師手裡，用有限的生命力與滿身的技巧，揮毫出人生總結的書法形體。「板殿」兩字此時看來簡單無比，書聖的筆觸褪去了絢麗，在依然堅定有力的筆畫裡，我看到了一種反璞歸真，一種豁達的心境，在生命將盡之時恣意揮毫，從一而終。

但願未來走到同樣的關口時，也能將最後的餘生，化作一篇文字。用畢生所愛的事結尾，是對這世界最溫柔的告別吧，我想。

沿著匾額看下來，左右有兩副對聯，其中上聯寫著：「XX無間諸妄想」，那頭兩字看不清是「忠于」還是「忘了」。我左思右想，究竟這句話是要我們忘卻人世間的妄想、還是忠于妄想，其意涵有著天壤之別，我思忖許久，仍舊不得其解。

我圍著板殿，漫步一圈，回頭看看那兩字，似是「忘了」；又漫步一圈，再回頭看，這次卻像是「忠于」。正當疑惑不解之時，猛然體悟，無論是忘卻或忠于，皆存乎觀者的心境，要是連這一點都在糾結，那我就無異深陷於妄想之中了。我的思緒的確是繁亂的，表面上的自己看似穩定、樂觀，心中卻壓抑著徬徨、懊悔與糾結，身為再世俗紅塵不過之人，我無奈地默認自己的脆弱。

此時，突聞一人聲從板殿裡傳出，是僧人的誦經聲，語調悠遠平和，彷彿洞悉門外的一切，為撫平雜念而生。這難得的機遇，不禁讓我流連忘返，在殿前躑步，記錄下眼前的畫面與聲音。思緒如同陣風拂過的蘆葦，在靜如止水的梵聲中，由劇烈搖擺至漸次停歇。停歇……停歇，讓萬千俗世之人跨入寺門，讓眾多疲憊的心稍作歇息，獲得安寧，這也是寺廟存在的意義吧。

一千兩百年來，此處的梵聲不輟，我這未及半生所遇到的修煉，與眾生相比何其平庸，而與這奉恩寺相比，更如同螻蟻一般。這座屹立不

搖的古老寺廟所行的，是一場超越無間生死輪迴、觀諸世世代代無盡頭的修煉啊。

於是在渺小的自我面前，張狂的妄想顯得更無足輕重。

你所貪婪追求的一切，在知足那一刻來臨之前，將永無寧日；而你所自憐的傷，在揭開自私與不甘的瘡疤之前，也難以痊癒。

是的，你該學著放下執念，就算這是一條長路，你也該設法踏上第一步。

於是，我仰著頭進來，低著頭出去。

- -

比起首爾市的繁華，奉恩寺的印象一直更深埋在腦海裡。旅途中的景色變化萬千，但真正歷久不衰的回憶，還是那些曾經撩撥到心弦的地方。

一千兩百年來，此處的梵聲不輟，我這未及半生所遇到的
修煉，與眾生相比，何其平庸。

那些走不出的過往回憶，就如同藤蔓一般，佔據了每一寸內心。

但它再怎麼茂密，也蔓延不了來時的出口。

鼓起勇氣走出去吧，

世界依舊很大，而你還是彼時的你。

最難熬的，莫過於獨自面對這世界的狼藉。

高雄——攝於2010年梅姬颱風過境後

一生的漫漫長路裡，我們終會面臨幾次生活崩塌的時刻。最難熬的，莫過於獨自一人面對這世界的狼藉。

如果我們無力阻止崩塌，那麼就認真地悲傷吧。認真悲傷，但切勿留戀過去，因為昨日的根基將成未來重生的包袱。

好好掏空，於是才能好好成長。

於是，我們奮力向前掙扎，卻如同逆流中的扁舟，被浪潮不停地推回到過去。——《大亨小傳》

羅德島

過去的傷痛是無法被抹去的，當你愈想忘卻，只愈證明了自己的放不開；愈想逃離，只會愈陷入過往裡。

我們終得學習著與它共處，看它凝結成疤，成為勇氣的徽章。並不是不再害怕了，而是當再次跌倒時，你會擦擦眼淚，更堅強的告訴自己：「沒事，會好的。」

笑不出來的時候，你會對自己說甚麼？

找尋本心
康乃狄克 。笑不出來的時候

在美國外派的日子，整整一年時間，處在高壓的工作環境下。我們的首要任務，是將美國分公司的一項新式技術移轉回台灣進行量產，當時那裡匯集了台、美、荷三方人馬，雖都屬同一公司，但是立場與利益不同，各有盤算。我擔任其中一位協調者的角色居中斡旋，每天上演著不同的政治角力戲碼，工作強度的衝擊、異地生活的孤獨和語言文化的隔閡讓自己身心俱疲。在家鄉，還有家人與朋友在身邊，但一個人在異地，只能獨自面對一切。

是旅人的處境，卻沒有旅人的心境。

記得那天是一個寒冷的周末，我穿上大衣，執意要出門透透氣。在月台上候車時，為自己拍了張照，攝氏三度的寒風扎在臉上，發現鏡頭中的自己怎麼都笑不出來，即使我平時是個愛笑的人。

在火車上，我開始思考一件事：這世上似乎所有的事情，都能走到讓自己笑不出來的地步，無論是不是自己所愛的事。

我想起了第一次打桌球的回憶，那是在國小的體育課裡。

那天，體育老師教完基本動作後，便將班上同學倆倆分組，輪流對打。我記得自己比較快上手，玩得很起勁。體育老師走了過來，問我有沒有學過桌球，我搖搖頭，於是他便特地在放學後把我留下來指導。

「他學得很快。」那天傍晚老師對媽媽說。談話中才發現原來體育老師曾是桌球國手，很喜歡培育後進。

經高人指點後，我的進步顯著，很快就熟練了推擋球技術。我小時候的體格不好，是全班最矮小的，但反應和敏捷度可能快一些，適合桌球運動。沒多久，就成為班上的桌球高手。老師很滿意我的表現。

然後，我的訓練強度逐漸加重，開始學習進階抽球。節奏越來越快，老師的期望也越來越高，從一般小學生拉高到桌球隊的標準，表情從一開始的鼓勵到漸漸露出鐵血教練般的嚴肅。發過來的小白球彷彿也換了一張面目，不再靈動有趣，而是充滿了刁鑽弧度與強勁軌跡，一次次侵襲我不甚堅強的意志。沒多久，我就面臨生理與心理的瓶頸。當休閒成為了磨練，樂趣便很快地被壓力取代，當特訓讓我再也笑不出來時，也就再也沒有動力繼續了。

我放棄了桌球，放棄了老師對於我的期待。那次經驗讓我知道了「才藝班」與「進階班」是截然不同的兩件事。興趣可以只是單純因為有趣，但若要更深入地精進，絕對不能只憑著「覺得有趣」，更不可能倚靠他人強硬的外力。我沒有找到進入進階班的要素，只知道自己身上還不具備這些。

有趣的是，從確定放棄的那一天開始，桌球又從夢魘轉變成為一項可愛的運動。我的技巧也一直停留在熟練的推擋球技術，只比路人好上一些。

- -

「你嘗試過多少事情，那些事情又留下了甚麼？」

火車駛在前往紐約的路上，望著窗外飛逝的風景，我問我自己。

腦海裡頓時浮現出許多曾經嘗試過的喜好，我是一個興趣廣泛但學藝不精的人：跑過一次半馬、攀過一座百岳、游過一趟日月潭、學過一把半吊子的樂器、組過一個有笑果的樂團、喜歡調酒也喜歡沖咖啡，作出來的味道都普普通通。有些事情體驗過後就不再接觸了，有些則偶爾當作消遣，技巧始終停留在原地，大致都是淺嘗則止，不願再花費更多苦心，就像當年的桌球運動一樣。真要說起來，實在不敢恭維自己是任何一項嗜好的達人，頂多只比路人好上一些而已。若要說留下過甚麼，我想只留下了自己善變的證據吧。

「你一生真正精進過甚麼？」

我繼續在腦海裡思索，活了這麼大，自己真正精進過的事情是甚麼？真要說起來，就是那自小到大，一步一步朝著工程師邁進之路吧。這是條按部就班的傳統升學之路，必須在路上一次次的關卡中力爭上游，進入與分數相稱的學校科系就讀，研究所的學位是基本，畢業後，再拿著證書，進入與學歷相稱的公司或職位就業，領著相稱的薪水。我們不斷地在社會體系中被檢驗分級。

在與數學和物理學為伍的這條路上，並非毫無樂趣，但絕無法跟那些嘗試過的嗜好相比，能夠支持自己度過精進的求學歲月的主要動機，無非是為了滿足社會的期待與賺取實質的薪水，希望過著單純的人生和相對不虞匱乏的生活。這條路平穩而踏實，從經濟與生活的獨立，到職涯的探索，我走了十年，在其間收穫了不少成長，而這十年間，我也不自覺默默地在做兩件事情。

那就是旅行與寫作。

一個人旅行，是這十年開始的事，但寫作卻是從小到大的事。小時候在週記簿裡，我喜歡一行作兩行寫，把每一週的感想塞進有限的格子裡。用文字與人分享交流，是我對寫作的初衷。

寫作帶給我很大的樂趣，在成長期間，時不時都會提筆。有時心血來潮，一連寫下好幾篇，在當時的無名網誌留下青春的痕跡；有時欲振乏力，一停就荒廢了好幾年。常常認為人生總有更多重要的事情，生活一忙起來，寫作這件事就被塵封在心靈的角落深處。就像桌球一樣，不願意再耗費更多心力。

說來有趣，每次遭逢人生低潮的時候，我就會不自覺地拿起筆來重新寫作，人生順風順水時，又會輕忽這件事。筆桿子拿了又放，放了又拿。從漫長的時間軌跡裡，才默默發現，原來對我而言，這是一件自始至終都無法割捨的事情，也是唯一一件，在自己笑不出來的時候，仍舊願意繼續嘗試的事。沒有人在後頭逼著我，也沒有薪水與頭銜誘惑我，而是一個人，自發性地，在文字的道路上緩緩前行。

後來，我愛上了旅行、在吳哥窟遇見讓我忍不住寫文章分享的嚮導大叔、選擇了容易出差的工作、踏上世界更多地方、創立旅行部落格。這一切，其實都源自內心深處對書寫的熱愛，自己從未忘懷過寫作，仍渴望透過文字觀察世界、透過世界豐沛文字。在這個茫茫紅塵裡，我遍尋不著精神的歸屬；在每一段看見異地人生風景的旅程裡，我思考反芻著自己的人生，將那些觸動心弦的感受、一瞬即逝的過往，永恆地定格在文字裡，對我而言，書寫就是一種心靈的救贖。

是的，我不斷地攝影、紀錄、閱讀、旅行、分享，這些圍繞著寫作而衍生的事，寫作也將我帶向了遠方。是的，這是我唯一持續在作的事。

原來一個人能夠擁有很多興趣，興趣可以只是因為有趣，但要深入地走下去，絕對不能只憑著「覺得有趣」，真正能夠持之以恆，走向長遠的，是源自於內心深處的熱愛，與精神意義的依託。

「如果沒有文憑、沒有頭銜、沒有資歷，如果撕下身上所有有形的標籤，回歸最原始的自己，那麼你還剩下甚麼？」

我想，我只需要一支筆，然後我會一直寫下去。

我望著相機裡那個笑不出來的自己；看著手機裡那一路上打下來的一字一句。

人生中總有某些事情是你願意投身去實現，並能夠從中獲取意義的，你甚至不用逼迫自己，這個意義就會驅使著你。

列車到站的聲響把我拉回現實，紐約到了。我跟著人群下車，在快步的行人中獨自漫步到車站大廳。中央車站是我在紐約最喜愛的地方，那寬敞的大廳，容納了無數個旅人疲憊的身軀，鵝黃色的燈光自土耳其藍的天花板上散下一層溫暖。無論是穿著大衣、西裝筆挺的白領階級，還是瑟縮在牆角邊的街友，在冷漠的城市裡，這個空間就像旅人們一時半刻的家，是肉身與心靈的避風港。

我望著大廳裡忙碌來去的眾生望得出神，想從這紛亂的場域中捕捉自己最純粹的意識。

「如果沒了方向，在這偌大的世界裡，我們很容易亂了套啊。」

離開了車站，我一路走到中央公園，街上的嘈雜依舊，我置若罔聞。

冬天的中央公園十分寧靜，眼目所及盡是蕭條枯枝，少了繁茂的綠葉，公園裡那些立起的雕像們更加立體顯眼。每一尊偉人或坐或站，昂首挺立，看起來威風凜凜，又似若有所思。就算風光如它們，也都

有著各自的煩惱吧；就算外表如此堅毅，內心也有脆弱的一面吧，我想。正如這個人世間，每個人都有自己的道路：那些將興趣結合工作，努力耕耘著並與現實搏鬥的人們、那些一邊工作一邊投入額外心力追尋另一個夢想的人們、那些還在探索自己與生命的人們、那些辛勤工作，犧牲自己成全家庭的人們。

人生沒有標準答案，只有傾聽內心的想望與否，為別人而走的路，再怎麼康莊，都有遺憾；自己選的路，再怎麼艱難，都能不畏挑戰。

人生中總有某些事情是你願意投身去實現，並能夠從中獲取意義的，你甚至不用逼迫自己，這個意義就會驅使著你。

台南

只有在潮落後，放手讓它帶走那些難以割捨的甚麼；

才能在下次潮起時，醞釀出下一個難能可貴的相逢。

丹佛

每個人一生的處事裡，

都有過正面與反面、感性與理性、善良與邪惡的掙扎。

這個時候，把視野往上拉吧，

眼光放得越遠，就越不容易糾結了。

自己，是最好的陪伴。　　河內

我們並不是真的寂寞，只是容易害怕孤單。

於是我們衣著光鮮，走入人群，舉起了酒杯，在交錯的觥籌間，彼此呼喊得親暱。

但你終將發現，身邊的人各自來去，大部分只駐足在人生相遇的某個時期。長久的朋友就那麼幾個，而真正能陪你走到最後的，只有自己。無論是在掌聲中、在深夜裡、在喧囂間、還是在晨起時。

所以，好好地陪伴自己吧，他其實很善感。陪他說說話、看一場電影、聽公園的蟲鳴、寫一段溫暖的字。

善待自己，所以我們灌溉靈魂。

夢想與現實的抉擇
康乃狄克 。搖滾工程師

伊凡是我在美國分公司的同事，年紀很輕，帶著一副粗框眼鏡，白皙清瘦、留著一臉棕色大絡腮鬍，講話輕聲細語，是個反差極大的人。

某天，在一個晴朗午後，辦公室茶水間不經意的聊天裡，發現彼此都是搖滾愛好者。伊凡喜歡打鼓，他和幾位玩樂團的同事們住在一起，每周固定時間在家裡即興演奏(Jamming)。他友善地邀請我們幾位台灣同事蒞臨他的搖滾小屋。

那晚下班後，來到伊凡位於康州小鎮的家，那是個外觀樸素、帶有歲月痕跡的藍色木造小屋。打開門，只見客廳擺著幾張舊沙發、牆上掛了些樂團海報、廚房吧檯上站滿了酒瓶、四周牆角堆放著各人的樂器，屋內環境帶著一股隨興的凌亂，十足狂放不羈的居家Rocker味道，我想起了大學時期那些和我一般邋遢的室友們。

叫了外賣美式雞肉捲，一人一個，我們捲曲在沙發裡，一邊看電視一邊聊天喝酒，這是日常即興之夜的前奏曲。

當男人間的話題越來越沒營養、Discovery頻道裡的動物身影漸漸迷濛的時候，我知道感覺夠了。拍拍伊凡的肩，我們起身一起走進通往地下室的階梯。

伊凡按下開關，點亮昏暗的地下室，我看到了平凡小屋裡的別有洞天──那是個迷人且魅惑的音樂空間，所有樂器、效果器、音箱一應俱全，光伊凡的鼓就有三套。地上鋪滿地毯、牆上掛滿樂團海報、頭頂貼滿了吸音棉，儼然就是一個專業的獨立練團室。

「你們的音樂可真是來自Underground（地下）啊！」我指了指天花板，也就是一樓的地板。

「可不是嗎。」伊凡笑了笑，戴上耳機，拿起鼓棒。

在見識到這個空間設備的專業度後，心裡已有了個底，然而伊凡的打鼓技巧，還是超乎了我的預期。他是個專業的鼓手，風格陰柔多變，無論是迷幻搖滾還是動感的ＥＤＭ都能夠駕馭。伊凡獨奏了一會，樓上幾位「樂手同事」們也先後聞聲而至，紛紛拿起樂器，將自己的音符，填入眾人的五線譜。他們在即興段子裡，有時互相唱和、有時一

枝獨秀;似在和大家對話,也似在找尋自我。音樂在空氣裡自然流
竄,純淨地沒有任何目的,像是眾人意念延伸交織而成的冥想空間,
每個人在裡頭用自己的方式禪定。我沉浸在其中,見證了搖滾樂在這
塊廣袤的發源地大陸上,是如何的深入與普及,在無數個尋常的木造
小屋裡。

「你們玩得這麼好，真該組團出唱片的！」我對伊凡說。

「早就嘗試過啦！當初畢業之後，我就毫不猶豫投身音樂，也曾跟著樂團到處跑。闖了一陣子之後，才認清美國樂壇厲害的人太多了，要出頭很不容易。」伊凡笑笑地說。

「我很喜歡現在的工作，它提供我相對穩定的收入，相較起來，這塊土地上懂半導體設備的高手不像搖滾高手那麼多。」伊凡的話讓我想起了盛產工程師的家鄉，情況似乎正好相反。

「所以，你喜歡現在的工作甚於打鼓嗎？」我反問伊凡。

「這是無法比較的，我熱愛打鼓，不過如果沒有經過當初跑樂團的日子，我無法體會現在生活的穩定，以及那種沒有經濟壓力、純粹地玩音樂的感覺。而且我已經在年輕的時候追夢過了，現在的我沒有遺憾。」

伊凡這番話令我反思，同樣是在現實與夢想間做取捨，他如何先追尋初衷，再回頭追求現實的穩定。在這塊個人主義至上的自由國度裡，擁有人生自主權，也代表著你得更有自己的想法，必須更為自己的人生負責。伊凡或許繞了點路，但他走得心甘情願、甘之如飴。反觀我們從小的教育，不大鼓勵花時間做不同的嘗試，高中畢業還懵懵懂懂的時候，就必須立定未來科系的志向，按部就班地走在一貫的方向上。其實，一、兩年的探索與追尋，是深刻了解自己與培養獨立思考

能力的重要養成時期，這段常被傳統觀念認為是「浪費」掉的時間，在人生的漫漫長路裡，只佔了極低的比例。只要踏實地過，不愧對自己的嘗試，沒有任何時間稱得上是被浪費的。

伊凡如果沒經歷過不穩定的生活，該如何體會穩定的踏實？相對地，如果一開始只顧慮到現實的穩定而忽視內心的聲音，又怎能不留下放棄初衷的遺憾呢？

除了伊凡以外，技巧同樣不俗的鍵盤手威爾、吉他手伊恩同樣有著各自對搖滾的心路歷程，才會在冥冥中於此處聚首。在場的我們都是工程師，不同的是，這三位年輕的美國人都是真心地熱愛著音樂，並已歷經了與生命碰撞的選擇。

帶著微醺走出了藍色小屋，伊凡的話言猶在耳－為了夢想，我應該無所畏懼地去追尋，就算跌得滿身是傷，至少曾經努力過；為了現實，我更應該奮不顧身地追尋夢想，萬一有一天得回頭，才能夠了無遺憾。

夜色朦朧，音樂仍舊縈繞耳邊，而內心的種子正在慢慢發酵。

在行有餘力之時，我們本應多方奔馳，才不愧於還年輕的內心。這句話，不只用於旅行，也適用於人生，而我在旅途中，漸漸找到人生。

那些一步步指引我夢想的旅途

為了夢想，我們應該無所畏懼地去追尋，就算跌得滿身是傷，至少曾經努力過；為了現實，我們更應該奮不顧身地追尋夢想，萬一有一天得回頭，才能夠了無遺憾。

每一種生活樣貌，都值得被尊敬。

新北市

想當盛放的綠葉，必須守住枝枒奮力崢嶸；
要做瀟灑的落葉，必須放下枝枒隨風漂流。

無論是哪一種生活，都很需要勇氣啊。

生命有許多出路，但一定有那麼一條，能夠使你發亮。

台南

183

冰雪很輕，也很清。

省思的重量
雷克雅維克 。風雪冰晶

結束了美國的任務，我在回台前夕，去冰島走了一遭。

和繁榮的紐約相比，這座島嶼處在完全相反的極端。首都雷克雅維克聚集了全冰島3分之2的人口，也不過區區20萬人，不及紐約的40分之一。這個城市幾無高樓大廈，最高的建築物是一座教堂。天空中見不到一絲汙染，而是不時彌漫著白霧般的純淨水氣。來到的時候正值冬季，剛下過大雪，白色的嶄新地毯覆滿大地。

這裡以販賣純粹聞名，純粹的平原大山、純粹的大江大海。一瓶礦泉水貼上來自冰島的標籤，都彰顯了純粹的價值，甚至連萬年冰河上頭的空氣，也被裝進鐵罐裡，驕傲地當成了紀念品。

事實上，在十多年前，冰島人才歷經了一場名為虛浮的惡夢。

這幢絢麗的建築物－哈帕音樂廳是冰島首都雷克雅維克的新興地標，它閃耀的玻璃帷幕在這簡樸的北方之都中獨樹一幟，而其背後的故事也同樣充滿了戲劇性。

在哈帕興建之初，冰島正處於金融業聲勢的頂峰，雷克亞維克雄心勃勃地朝向世界貿易中心邁進，高級公寓、豪華酒店、新銀行總部都是區域發展計畫中的一部分。冰島全國的投資陷入瘋狂，傳統冰島人收起了海上的魚網，成為了一擲千金的金融新貴，家庭所得負債比遠高於今日的美國。

然而這一切，都在2008年颳起的金融風暴中嘎然而止。過高的財務槓桿使得銀行負債累累、國家瀕臨破產，這個富裕的北歐國度從雲端上重重跌落，區域計畫隨著金融大夢煙消雲散。冰島人放棄了商業化的繁榮，中止了絕大部分的計畫，但哈帕音樂廳卻被獨留了下來，原本應是錦上添花的建築，意外成為了冰島人從災難的冰雪中堅定走出谷底的決心。

這棟以冰島變幻無窮的景色作為啟發的建築物，用大量象徵著冰雪與北極光的玻璃帷幕，以及象徵著玄武岩的六角結構體，呈現出冰島美麗冰清的自然風光。似乎，也象徵著冰島人繁華落盡後，以藝術形式做了一場反璞歸真的深刻省思。千百年來，冰島人在這座島嶼上與極地環境刻苦搏鬥，藝術一直是他們重要的精神寄託。在這裡，每十個人當中就有一位曾出版過書籍，冰島文學在北歐文壇中始終佔據一席之地。面對資本暴風雪的無情侵襲，冰島人撕下金錢遊戲打造的面具，回歸本心。

褪下了斑斕的外衣，冰島政府讓三大銀行倒閉，由國家接手進行財政整頓、嚴格實施資本管制、尋求國際援助穩定社福政策，並回歸漁、觀光、地熱等自然資源產業。短短三年，在哈帕音樂廳落成啟用前夕，經濟由衰退轉為復甦，冰島在失敗之處，重新站了起來。

至今，哈帕音樂廳已獲得建築界許多獎項的肯定，最別具意義的，還是它所代表的精神意涵，這歷經冰火粹鍊的透明水晶體，本身就是一部精彩跌宕的大戲。

我望著這棟建築物，試著感受它所走過的崎嶇路。在初生奠基之時，它曾意氣風發地傲視全球，是繁華的象徵；也曾在信用破產的幽谷瀕臨停工，面臨被拆除的危機。人生無常，何嘗不是如此。在得意之時，你是否也曾迷失在追捧的掌聲裡？當全世界沒有人願意相信你時，你是否還願意相信自己？當你發覺自己走錯了路，能不能深切反省，蛻變為重生的勇氣？

曾經一味地追求認可，追尋一張張證明自己的文憑、追尋公司與頭銜的名稱、追尋薪資單裡的數字。然而，在見過哈帕動人的故事與風景後，我明白了，每個人心中都有那麼一棟努力興建著的建築，它將花費你一輩子的時間去構建。一輩子很長，在一瓦一磚的施作裡，潛伏著許多物換星移與不如預期。生命會不斷向前，人會慢慢改變，無論如何，你依然可以調整更動，本著不同的初心，去成就一片動人的風景。

最美的建築，就是活出靈魂的建築。融入於廣闊天地間，構成一幅獨有的畫面；最美的生命，就是活出自己的生命，融會於內心樣貌裡，那就是屬於你的經典。

人生本來就不容易，我們因為身而為人，而執迷；我們也因為執迷，才有機會醒悟，走出漫漫的來時路，成就不同的自己。

人生就如同這個世界一般廣袤無垠。我們的探索之路無窮無盡,每一個目的地都只是過程。人生真正的追尋,就在於不停的追尋。

看著地上凝結的冰晶,我拾起了那份純粹,收進了內心

佛蒙特

春與秋，是動人的季節，

一個在重生路上，一個在凋零途中。

最美麗的，往往都是過程。

傾聽內心，它將指引。

澎湖

世界有盡頭，但內心沒有。

生命的本質
霍爾斯沃德呂爾 。盡頭

霍爾斯沃德呂爾，一個名不見經傳的冰島小鎮，地處偏僻，附近沒有甚麼知名景點，會決定在此處落腳一夜，是因為看上了一處特別的住所。民宿主人是一對銀髮夫妻，住在親手打造的木頭小屋裡，帶有老派冰島人的堅毅與活力。

他們將年輕歲月時所駕的船大卸八塊，訂製成玄關吧台，木屋頂下是挑高閣樓起居室，通往閣樓的木造樓梯下方擺著一架老風琴、一把吉他與一組爵士鼓，一旁又放了不搭軋的武士刀與弓箭。抬頭一看，天花板下垂掛著展翅翱翔的天鵝標本，閣樓上擱了台骨董點唱機，閣樓下擺了一張老式撞球桌。屋內每個角落都妝點著不同時期的物品，每一寸空間宛若老先生與老太太精心打造的人生博物館。外頭的氣候嚴寒，杳無人蹤，他們便將房裡頭布置得精彩動人。

那一夜正值大雪過後，我走出屋外，冷冽而清新的空氣湧入鼻腔，化為嘴裡輕吐的縷縷白煙。沒有路燈的灰色道路兩旁覆滿厚雪，原本是什麼都不重要了，在這片大地裡，萬物都一樣蒼茫。

走到路邊，用腳掂量了下路旁的土地，雪地的厚度直至雙膝，這已是今生見過最深的積雪量了。我玩心一起，縱身一躍，面朝天、身體呈大字型向後倒臥在雪堆上。先鬆軟後緊實的全身觸感只發生在一瞬間，大衣外套暫時阻絕住寒氣，我身陷冰雪中，像躺在大自然的懶骨頭沙發裡。

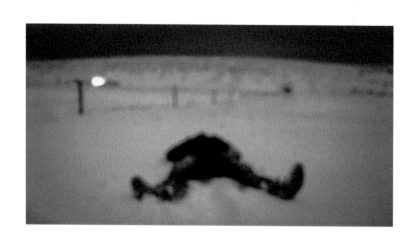

雙眼映出了世界的灰暗朦朧，此刻的天空充滿浮雲，一片混沌，瞳孔隨著黑暗逐漸開展，橘紅色的光影隱約浮現在遠方。從無至有，自微弱到不可忽視，如黑夜裡的夕陽，見此異象，我疑惑了半晌，隨即恍然大悟：「是極光！」

這是人生中第一次，也是唯一一次親見的微弱極光。它就藏在雲層後面，非典型地捲縮在一角天邊。其餘的天空也不像一般的天，閃著神祕的銀白色光暈，像是一張圓弧形的電影布幕，籠罩著大地。

那些一步步指引我夢想的旅途

這片布幕讓我想起了小時候去台中科博館，排了半天的隊，看那熱門到不行的太空劇場。開演前的劇場燈火通明，走道上人頭鑽動，巨大的球面螢幕還沒有畫面，金屬材質映著燈光，泛射出銀白色光暈，像是即將帶領小朋友馳騁宇宙的前奏曲。長大後，我們越來越不容易好奇，於是也越來越珍惜，那個跟兒時自己一瞬間的心有靈犀。

冰島冬季的氣候變幻無常，而今夜的小鎮平靜異常，無風無雪、無樹無鳥、無人無車。放眼望去，天地間遼闊得望不見盡頭，耳裡卻聽不到半點聲響。這不可能發生在我所來自的地方，那裏的人聲嘈雜，就算竭盡所能遠離塵世，山林間、河海邊、風雲裡依舊充滿大地的聲音，這裡則萬籟俱寂，山窮水盡，彷彿度過千山萬水，來到了世界盡頭。

只見天上浮雲無聲地掠過，奇光隱隱閃耀，在褪下了萬物生靈外衣後的虛無之間，我感受到了地球本體的生命。那不是既定認知的大自然的力量，不是那種大山大海、大風大川，而是一種最原始、最赤裸、最純淨、也最隱晦的能量。若不行至此處，卸去一切表象，不會知道原來一生所踩踏著的星球，有著如此多變的面向。

我的四肢被天地覆蓋擁抱，胸口隨著地球緩慢地呼吸，存在於既寂寥又真實的宇宙間。我明白，從哪裡而來，終將回到那裏。此刻，我放下所有武裝與防備，將短暫人世間賦予的肉身交付於你，啊，這個世界，我敞開了一切內心，獻身於你。

因為我本來自於你。

其他世界的嘈雜，正如同那紛擾的塵世；而這裡的寧靜，卻聽到了內心最深入的真實。人心，有多少領域被世俗價值的表象所佔據？在忙碌而光鮮的背後，又有多少人聽得見來自靈魂深處的聲響呢？

這個世界存在既定的、穩妥的路，也有未知的、隱晦的途。但，最終選擇的依歸，也許不該是望著前方的兩條路途的風景猶疑，而是當你倒臥大地仰望天空時，從內心深處裡浮現出的那一條路。

拍掉身上的雪，在走回小屋的路上，眼中仍縈繞著飄渺的畫面、耳裡仍迴盪著寧靜的聲響，久久無法散去。冰島行最深刻的回憶，就是躺在這名不見經傳的小鎮的路邊雪裡。

人心，有多少領域被世俗價值的表象所佔據？在忙碌而光鮮的背後，又有多少人聽得見來自靈魂深處的聲響呢？

雷克雅維克

沒有雪的廣袤，怎能襯托海的深沉；

沒有雲的洶湧，如何感受天的遼闊。

總有好事會發生。

Your courage will guide
your future.

美國

幸運餅乾是美國最特別的亞洲食物。

有人說此起源於日本煎餅,亦有人認為是明朝推翻元朝時,藏著起義字條的月餅的簡化版。無論真相為何,這個可愛巧思已成為美國獨有且普遍的飲食文化。每間中餐館的最後,一定都會奉上這麼一個包藏著不同籤言的餅乾。

明知道裡面都是好籤,大家仍會在飯後咬一口餅乾,津津樂道地分享自己的籤言,相視而笑,把肚裡和心裡都餵得飽實。

每年三十億顆幸運餅乾,就這麼生生不息地用亞洲正能量療癒著這片美洲土地上的人民。

"Your courage will guide your future ."

我大聲地念了出來。

走過的路皆有意義
利物浦 。迷路

讓我們把時光拉回八年前的第一場旅行。

我在英國曼徹斯特車站上告別妹妹後，獨自搭乘南下前往利物浦的火車，朝聖披頭四的家鄉。那個時候的我戴著一頂英式鴨舌帽，穿著從台灣帶來最厚的外套，一臉傻楞楞模樣，英文還說得不怎麼好。但第一次單獨出遠門，打從高雄搭上飛機後，心情就一路亢奮不已，已經一天一夜未曾闔眼，滿心期待著這趟才正要展開的冒險。看著月台告示牌上顯示的"to Liverpool"字樣，映在LED屏幕上，也映出了一種難以言喻的超現實感。

上了火車，找了個靠窗座，正想好好地觀覽沿途風光，才坐下不久，長途跋涉的時差疲倦突然從腳底直衝腦門，接著沉澱在眼皮上，讓我墜入了夢鄉。在異地疾駛的火車上，我睡得好深好沉，彷彿一輩子都沒那麼疲憊過。

不知道睡了多久，被火車進站的廣播聲吵醒。睜眼向外一瞧，赫然看見外頭寫著利物浦字樣的站牌。我下意識地彈跳起來，胡亂披上了大衣便向外跑。一跳下車，火車便若無其事地緩緩開走了。

這是個悠閒的小車站，沒有什麼旅客。車站裡唯一一間公廁很特別，是約莫三坪大的無障礙空間，裡面就一個馬桶座，每個人次使用完畢後，廁所門會自動關上，在內部灑水沖洗一番。站在外頭，彷彿聽到小型洗車機水刀運轉的聲音，五分鐘後沖洗完畢，再開放給下一人使用。因此，排在三人後面的我花了二十分鐘在等待上廁所這回事。

正午時分，陽光像一褶光滑的白色絲綢，穿過棉絨般的雲層，滑入通透的車站玻璃帷幕大廳。門口外頭，四棵樹叢被剪成了那四位披著厚厚英倫頭、名滿天下的年輕人模樣，四周是寧靜祥和的住宅區。

我在悠閒的氛圍中，發現自己下錯了站－這裡是大利物浦地區某個郊區的小站，而非市中心。於是我又花了三十分鐘在研究公車路線與等車這回事。

搭上公車，換了種方式朝市區前進，一面從車窗裡欣賞英國郊區的道路與兩旁成群的住宅。利物浦的房屋色調多為粉色系，樣式活潑，比曼城一致的煙燻紅磚房可愛許多。

公車突然緩緩地停下來，在一個亮著綠燈號誌的路口前停了好一陣

子。我抬頭看向前方，只見公車待在斑馬線前，禮讓一位正在過馬路的老婆婆。老婆婆拄著拐杖，穿著雅致，走得緩慢，巍顫顫地行經公車面前，轉頭向我們微笑，嘴裡說了句"Thank you"的嘴型，再繼續慢慢地向前走。

偶然闖入英國郊區小鎮的日常裡，我的步調被這座慢城緩了下來。

聽著公車上輕微地悉窣耳語，其中有兩個比較急促而開心的語調，是在車上偶遇的老相識，正互道閒話家常。銀髮族佔了車上乘客的絕大多數，令我想起車站那間全自動式廁所的由來。

不知該從何站下車的我，拿起了旅遊地圖，詢問坐在身後的老太太披頭四博物館在哪裡。我喜歡向老人問路，慈祥與熱心是全世界長者普遍的共通點。和藹的老太太有些重聽，好不容易聽清楚我的一字一句，卻無法為我解答。她依然熱心地拿著地圖，替我詢問坐在一旁的老先生，老先生留著一頭阿笠博士的白捲髮，圓框眼鏡搭在紅通通的兩頰上，用輕柔的嗓音告訴我直直坐到終點站就是了。英國人的語調很是好聽，上了年紀依然優雅。

費了不少時間，終於到達了目的地。下了公車，我走在利物浦碼頭區，踏在曾是工業革命時代全歐最重要的貿易樞紐上，歷史不會抹滅這裡的往日榮光，但也從不戀棧。如今褪下光環，繁榮的碼頭成了景點，昔日的工業大港成了音樂文化之都。

碼頭的海水深藍莫測，海風寒冷刺骨，走沒幾步路，鐵壺裡的熱水已喝掉了一半。悠閒的星期三午後，遊客三三兩兩。幾名目標明確的背包客，和我走在同一條朝聖的道路上。只是我比預計抵達的時間足足晚了兩個多小時。

後續的披頭四舊址巡禮依舊令我驚豔，但過了很久很久以後，真正深刻烙印在腦海裡的，反而是當時這淡淡的迷路的兩個小時。如果行程中沒有發生任何狀況，我本會直接從市中心車站與觀光客一同走出，直奔那些著名景點。但這一個意外的小錯誤，將我帶到小巧可愛的陌生車站，和有著各自目的地的本地人一起搭上公車，不是走在華麗的觀光路線上，而是走進了最真實的生活，在人與人之間的平凡日常裡，品嘗與自身世界的異同。

這段意料之外的路途，帶領我一層一層地從利物浦外圍逛進內城，像一段特別的先頭導覽，讓這趟旅程顯得更加立體。而那安靜的車站、祥和的公車、過路的老婆婆、還有老爺爺的耳語，也讓我看見了，有這麼一個銀髮世界，平淡而美麗，像白日下野雁與魚群悠游的平靜湖畔。

說來有趣，之後在倫敦的幾天旅行，我不時陷入迷路迴圈裡。那個時候，智慧型手機還不普及，我本就是個方向感不好的人，加上又是第一次獨自旅行，手裡拿著簡陋地圖，常常在偌大的倫敦市區裡橫衝直撞，遍尋不著出路。許多該去的地方沒去成，卻意外看見很多不預期的風景。

我不小心走入了印巴移民區，看到黑色布幔搭建在老磚房前的平民市集，路邊的衣服賣得比台灣夜市還便宜；也偶然路過許多中東富豪們

爭相置產的高級住宅區，看到倫敦社會金字塔的底部與頂端如今都被中亞移民佔據。我在服飾店裡遇見一位蓄長髮、穿唇環的搖滾咖店員，一時興起，問他最道地的英式龐克搖滾要去哪裡聽。Rocker店員手繪了一張心目中的搖滾地圖交給我，便成為了當天倫敦深夜裡的行程，讓我看見了這個城市狂野的另一面。

這些經歷，都和利物浦之旅一樣，既意外也不意外地成為了旅途中的亮點，直到多年後的今天仍舊歷歷在目。旅行教會了我，「迷路」也是路途中的一部分，那是一段迷人的即興，而即興是無法被複製的，當每個人都朝著萬眾矚目的明星地標前進，看見一樣的璀璨景色時，你迷失在路上的所見所聞，反而是世界上專屬於你的獨一無二。路上的每一步，其實都有格外的意義。

此後的旅行，我不再預先把行程填滿，而是留下隨興的空白，留待事情的發生、留待機緣的滋長。所以我才在清邁遇見了艾蜜莉、在羊角村遇見了馬泰大叔、在紐約的列車上遇見底層人民的生命力，那些生命中難以忘懷的回憶，都是出自於隨興。

一路走來，我逐漸明白，旅行如人生，你無法全權掌握自己的人生，也無法避免在人生的長路中迷路，那麼，就讓它自由地追尋出路吧。工作的目的在於生存，在不影響基本生存的前提下，我們該傾聽內心的方向，生命沒有那麼多理所當然，而最不該留下的是遺憾。

當工程師九年、旅行八年、成立部落格四年，從平坦的工程之路走向未知的寫作之路，我的人生看似繞了一段長路，卻從不後悔，因為這段長路給予我的，不只是歲月的耗費，而是經濟來源的基礎、是對於工作本質的體悟、是浩瀚無垠的世界、是越來越篤定的信念。迷路的風景，是最有意義的，人生不走到盡頭，你永遠不知道最終的目的地是哪裡，你永遠都不知道，哪些曾經迷的路，其實反而是正途。

一路上，我們都在追尋心目中的理想風景，無論結果為何，最深刻的都是過程；無論結果為何，你總有機會不斷嘗試，哪怕是繼續往前、哪怕是斷然回頭，真正帶領你的，是那顆執著的心。錯誤的路使你反省、多走的路使你堅定，踏實地走過每一步，不愧對內心深處的聲音，一路上的顛沛流離終將成為意義。

旅行告訴我，迷路，其實沒甚麼；迷路，其實也很好。

「迷路」也是路途中的一部分，那是一段迷人的即興，縱使不在原本的預期內。而即興是無法被複製的，當每個人都朝著萬眾矚目的明星地標前進，看見一樣的璀璨景色的同時，你迷失在路上的所見所聞，反而是世界上專屬於你的獨一無二。

生命的格調
是用精神活出來的
張j

台北

生命的需求，是用物質堆砌來的；

而生命的格調，是用精神活出來的。

台北

我喜歡搭不同的公車回家，只要回得了家。

不同公車就像不同的旅程，載著不同的人群，用不同的面向觀看這座城市；公車也像是人生，走到目的地的途徑永遠不會是最短距離，必定花了時間、繞了遠路、多載了幾個人，而那些多經歷的，就當作是人生的風景吧，只要你知道方向是對的。

約克

老了以後，也要這般坐在酒吧一角，靜靜喝著啤酒，一邊泛起微微的
嘴角，笑看窗外世間的美好。

新的旅途，是歸途。

活成夢想的模樣
高雄 。原點

高雄是我的初生之地、成長之地。從18歲上大學那年，我便搬離了這裡，身邊科技業的同儕們幾乎無人留在家鄉。當離鄉背井成了一代人的常態，惆悵便顯得平淡無奇。於是我漂去了台南、再漂向台北、又漂到了紐約。從一名專注於技術的工程師變成一名專注於漂泊的工程師，再從漂泊裡跨足旅行與寫作，人生從未如自己預期的設定發展，總是在摸索中開散新的枝枒，漸漸生養成另一個主幹。

離家後的路，是一段時間與空間都遙遠的旅途，不小心去了那麼多地方，這一路上有好多話想說。出外兜走了一圈，我也實在想回頭看看，重新解讀那個生養自己的家鄉，那個既熟悉又陌生的地方。

在選擇回到家鄉專心創作之前，不是沒有過猶豫與掙扎，當你年紀越大，擁有的越多，就越難斷然捨去，捨去後，更要面對全世界的質疑。每當糾結在這道關卡的時候，那一夜，搖滾工程師伊凡打鼓的畫面就會重現在腦海裡，他的話語與俐落的鼓棒仍歷歷在目，提醒著自己，所有的局勢，都是一體兩面，都具備助力與阻力。就算退回十年前，那個還非常年輕、一無所有的自己，就算沒有太多需要捨去的包袱，但當時生活的薄弱基礎，不也是一道關卡嗎？

人生中每一個時期的決定都不容易，答案的對與不對，存乎你心中的願與不願，最重要的是，我們都不能愧對於自己的內心。

沒有一個人生是容易的，也沒有一個人生是完全絕望的。生命本就是一連串不間斷的旅程，能夠有機會看到更多風景，就無需替自己設限。如果你也喜歡旅行，那就本著對於旅行的初衷，當作對待人生的態度吧。那些經歷過的旅程，從來不會因為未來方向的改變而歸零，而是內化於那曾被觸動過的靈魂裡，陪伴著被慢慢改變的自己，走向未來。我用這一段不短的年月，慢慢走過、慢慢看過、慢慢轉變了夢想，也慢慢篤定自己在這個時期想要的是甚麼。改變，從來就不需要是一件急切的事情，而它也從來沒有停下過腳步。不到生命的盡頭，你我都不知道最終自己會活成甚麼樣貌。

正如同饒舌歌手蛋堡在歌詞裡所寫的：

「離開世界之前，一切都是過程。

那些以為是結果，其實是每一站，

每過一站，不斷開始著每一段。

每一晚，每個抉擇沒選的每一半，

都在疑問你有沒有遺憾。」

那班開往倫敦的班機、艾蜜莉飄揚的髮梢、嘈雜地鐵裡婦人的眼淚、雨中的柬埔寨大叔、拿著酒杯跳舞的馬泰、深不見底的滑雪場、千年廟宇的舊匾額、中央車站的鵝黃色燈光、世界盡頭的銀色夜空。

這些自世界各地擷取而來的記憶如同電影片段，一幕幕地在心裡播放，帶著各自的啟發，再一步步地引領我走回原點，我明白這一切都不是巧合。這些日常，每天都在世界各地上演，真正將它們提煉成果實的，是不斷追尋的內心，正如同第一篇所提到的：

世界是一個奧妙而廣大的場域，它用無盡的萬象呈現在你眼前，而你眼裡反射出來的，則是一個帶有主觀意識、包含內心投射與解讀的世界。在世界遊走的過程，就是一趟動態冥想的修行。

而這場修行，將會一直持續下去。

如果你有任何熱愛的事，請不要輕易放棄，擁抱它，與它共存，它將引領你的內心。如果你還在尋找這件事，那麼就大膽地旅行探索吧，它不一定得成為你的全部，但終究會成為靈魂深處最純淨的泉源。

夢想並不單單是一件事，它是一個理想的狀態與生活樣貌。願我們在人生的旅途上，都能和自己好好相伴，給自己多一點時間，慢慢活成自己的模樣。

那便是夢想的模樣。

改變，從來就不需要是一件急切的事情，而它也從來沒有
停下過腳步。不到生命的盡頭，你我都不知道最終自己會
活成甚麼樣貌。

旅行，是一段長時間形塑自我的過程。

奧斯汀

有的旅行，會帶給我們一點啟發，

伴隨著一些小小的改變，

它可能很很細微，也可能不知不覺。

但其實，

我們都帶著一次次小小改變後的自己，

投入到下一段人生旅程裡，

在時間的長河中，

慢慢地形塑出更完整的自己。

願直到與世界告別的那一刻，

我們都在不停地向世界學習。

所有的相遇，都有意義。

淡水

我們每個人都是一葉沙舟，

在生命的旅程裡漂流，

有時離岸、有時停泊，

有時在各自來去的浮沉裡偶然相逢。

無論相逢的緣分是十年、一輩子，

還是短短一句話、一個笑容，

別忘了，某段人生旅途的個中滋味，

我們都曾一同品嚐過。

謝謝那些走入生命中的人，

我們的旅程，因為相遇而完整。

從工程到旅程的勇氣　那些一步步指引我夢想的旅途

作　　者	旅行沙舟 張J
社　　長	張淑貞
總 編 輯	許貝羚
美術設計	關雅云
行銷企劃	曾于珊、劉家寧

發 行 人	何飛鵬
事業群總經理	李淑霞
出　　版	城邦文化事業股份有限公司　麥浩斯出版
E-mail	cs@myhomelife.com.tw
地　　址	104 台北市民生東路二段 141 號 8 樓
電　　話	02-2500-7578
傳　　真	02-2500-1915
購書專線	0800-020-299
發　　行	英屬蓋曼群島商家庭傳媒股份有限公司城邦分公司
地　　址	104 台北市民生東路二段 141 號 2 樓
電　　話	02-2500-0888
讀者服務電話	0800-020-299（9:30AM~12:00PM；01:30PM~05:00PM）
讀者服務傳真	02-2517-0999
劃撥帳號	19833516
戶　　名	英屬蓋曼群島商家庭傳媒股份有限公司城邦分公司

香港發行城邦〈香港〉出版集團有限公司

地　　址	香港灣仔駱克道 193 號東超商業中心 1 樓
電　　話	852-2508-6231
傳　　真	852-2578-9337

新馬發行城邦〈新馬〉出版集團 Cite(M) Sdn. Bhd.(458372U)

地　　址	41, Jalan Radin Anum, Bandar Baru Sri Petaling, 57000 Kuala Lumpur, Malaysia.
電　　話	603-9057-8822
傳　　真	603-9057-6622
製版印刷	凱林印刷事業股份有限公司
總 經 銷	聯合發行股份有限公司
電　　話	02-2917-8022
傳　　真	02-2915-6275
版　　次	初版 9 刷 2023 年 2 月
定　　價	新台幣 360 元 / 港幣 120 元

Printed in Taiwan

國家圖書館出版品預行編目（CIP）資料

從工程到旅程的勇氣：那些一步步指引我夢想的
旅途 / 旅行沙舟張J著. – 初版. – 臺北市：麥浩斯
出版：家庭傳媒城邦分公司發行, 2019.07
　面；　公分
ISBN 978-986-408-512-5(平裝)

1.旅遊文學 2.世界地理